U0741272

2023年度辽宁省社会科学规划基金项目
"马克思关于人的发展思想及其当代价值研究"（编号：L23CKS003）

马克思人的发展
思想研究

李井琦 —— 著

辽宁人民出版社

© 李井琦　2024

图书在版编目（CIP）数据

马克思人的发展思想研究 / 李井琦著 . -- 沈阳：辽宁人民出版社，2024.12. -- ISBN 978-7-205-11406-0

Ⅰ . C912.1

中国国家版本馆 CIP 数据核字第 2024ZX5937 号

出版发行：辽宁人民出版社
　　　　　地址：沈阳市和平区十一纬路 25 号　邮编：110003
　　　　　电话：024-23284325（邮　购）　024-23284300（发行部）
　　　　　http://www.lnpph.com.cn
印　　刷：沈阳丰泽彩色包装印刷有限公司
幅面尺寸：170mm×240mm
印　　张：12
字　　数：160千字
出版时间：2024年12月第1版
印刷时间：2024年12月第1次印刷
责任编辑：董　喃
装帧设计：留白文化
责任校对：吴艳杰
书　　号：ISBN 978-7-205-11406-0
定　　价：78.00元

目　录

第一章

绪论

一、选题目的及意义

（一）选题目的

2019年3月，习近平总书记在学校思想政治理论课教师座谈会上明确提出了"培养担当民族复兴大任的时代新人，培养德智体美劳全面发展的社会主义建设者和接班人"[1]的培养目标。此后，习近平总书记在全国脱贫攻坚总结表彰大会、庆祝中国共产党成立100周年大会、中国共产党第二十次全国代表大会和中共中央政治局第五次集体学习等场合，多次表达了对人的全面发展这一问题的关注和重视，强调要"促进人的全面发展"[2]，推动"人的全面发展、全体人民共同富裕取得更为明显的实质性进展"[3]。当前，我国已开启全面建设社会主义现代化国家新征程，正处于向第二个百年奋斗目标进军的关键时刻，党和国家事业发展迫切需要培养造就德智体美劳全面发展的社会主义建设者和接班人，坚持人的全面发展的价值取向。面对这一时代背景，重返马克思经典著作，探寻其对于人的发展问题的深刻见解，对其人的发展思想做出系统的理论阐释，深入研

---

① 习近平主持召开学校思想政治理论课教师座谈会强调　用新时代中国特色社会主义思想铸魂育人　贯彻党的教育方针落实立德树人根本任务 [N]. 人民日报,2019-03-19(01).

② 习近平在中共中央政治局第五次集体学习时强调　加快建设教育强国　为中华民族伟大复兴提供有力支撑 [N]. 人民日报，2023-05-30（01）.

③ 高举中国特色社会主义伟大旗帜　为全面建设社会主义现代化国家而团结奋斗——在中国共产党第二十次全国代表大会上的报告 [N]. 人民日报，2022-10-26（01）.

究作为思想政治教育理论基础的马克思人的发展思想，是在中国式现代化进程中更好地坚持人的全面发展的价值取向的内在要求，也是当前推动人的全面发展取得更为明显的实质性进展，提升思想政治教育的科学性、有效性和针对性的必由之路。

同时，马克思人的发展思想作为他对人的发展相关问题的科学解答，是极具理论性和科学性的理论成果。马克思一直以来都十分关注人的发展问题，曾在不同时期的多篇著述中阐发了自己关于这一问题的深刻见解。马克思人的发展思想作为其理论体系的重要组成部分，是他在运用唯物史观揭示人类社会发展规律、探索资本主义发展规律及发展趋势的过程中，逐步形成的重要理论成果。从时间上看，马克思人的发展思想经历了由萌芽到成熟的发展过程。早在马克思从少年走向青年的这一阶段，他就已经开始思考和探讨人的发展问题，并在其代表性文本中表达了对劳动人民的同情和对人的发展问题的关注。此后，马克思在深入研究社会领域的重大现实及理论问题的过程中，逐步发现了唯物史观并运用其深刻剖析人类社会历史，展开了对异化劳动的批判和对人的发展条件的研究，深刻地揭示了人的发展的社会条件，进一步丰富了关于人的发展的思想。此外，从内容上看，马克思人的发展思想具有十分丰富的内容。马克思立足于人的劳动实践以及在此基础上形成的社会关系，将"现实的人"的存在确立为社会历史发展和人的发展的首要前提，强调个体和类是人在现实中的基本存在形态，"现实的人"作为唯物史观的逻辑起点和中心线索，与社会之间具有内在的统一性，人的发展与社会发展相统一。以此为基础，马克思说明了生产力和人的合理需要是人的发展的推动力量，人在生产和交往的实践活动中不断发展。他认为摆脱资本主义社会关系对人的发展的束缚，实现人的自由而全面的发展是人的发展的价值目标。实现这一目标需要满足的条件不仅包括社会所有制取代私人所有制、"自觉分工"取代旧式分工，还包括自由时间的增多、教育与生产劳动相结合。

综上所述，本书以"马克思人的发展思想"为研究对象，从理论层面寻根溯源，系统梳理马克思代表性文本中所蕴含的人的发展思想，深入分析这一思想形成的社会背景、理论来源、发展进程及核心内容，具体阐释其对思想政治教育的指导作用。目的在于在中国式现代化进程中更好地坚持人的全面发展的价值取向，使思想政治教育在这一科学思想的指导下，为全面建设社会主义现代化国家培养德智体美劳全面发展的社会主义建设者和接班人，从马克思人的发展思想中汲取推动人的全面发展取得更为明显的实质性进展的理论力量和实践智慧。

（二）选题意义

作为马克思对人的发展相关问题的科学解答，其人的发展思想具有重要的研究价值。概言之，研究这一思想既有利于从整体上深化对马克思主义理论的研究，深化对唯物史观和以人民为中心的发展思想的理解，也有利于推动新时代思想政治教育的发展进步和受教育者的全面发展。

1.理论意义

第一，研究马克思人的发展思想有利于从整体上深化对马克思主义理论的研究。一直以来，马克思都十分关注人的问题，并在不同时期的多篇著述中围绕这一话题展开了理论研究，阐发了自己关于人的存在、人的本质、人的发展等问题的深刻见解。其中，马克思人的发展思想作为其理论体系的重要组成部分，是他在运用唯物史观揭示人类社会发展规律、探索资本主义发展规律及发展趋势的过程中，逐步形成的重要理论成果，具有十分丰富的内容和较高的研究价值。近年来，关于马克思人的发展思想的研究日益成为学术界的关注点之一。从整体上看，研究马克思人的发展思想不仅有利于我们完整准确地理解这一思想的核心内容，全面认识人的发展的首要前提、推动力量、价值目标及其实现条件，还有利于从整体上深化对马克思主义理论的研究。

第二，研究马克思人的发展思想有利于深化对唯物史观的理解。作为马克思主义哲学的重要组成部分，唯物史观是关于人类社会发展一般规律的科学，坚持"不是人们的意识决定人们的存在，相反，是人们的社会存在决定人们的意识"①，为我们正确认识社会现象和社会历史发展规律、全面了解马克思人的发展思想提供了方法论方面的指导。马克思人的发展思想是在批判地继承以往哲学家和思想家关于人的发展的思想的基础上，随着唯物史观的形成发展而逐步发展完善的。早在马克思从少年走向青年的这一阶段，他就已经开始思考和探讨人的发展问题，并在其代表性文本中表达了对人的发展问题的关注。后来，他又在深入研究社会领域的重大理论和现实问题的过程中，逐步发现了唯物史观这一具有伟大革命意义的理论成果。这一发现为其人的发展思想的形成奠定了牢固的世界观和历史观基础，此后，马克思在运用唯物史观深刻剖析人类社会历史的过程中，进一步阐释和丰富了关于人的发展的思想。因此，研究马克思人的发展思想有利于我们进一步认识唯物史观的丰富内涵，深化对唯物史观的理解。

第三，研究马克思人的发展思想有利于深化对以人民为中心的发展思想的理解。党的十八大以来，以习近平同志为核心的党中央始终坚持并践行以人民为中心的发展思想，把人民放在心中的最高位置，着力推动人的全面发展和社会的全面进步。作为对中国特色社会主义理论体系的丰富和发展，以人民为中心的发展思想不仅体现了唯物史观关于人民群众是历史的创造者的观点，还"鲜明体现了增进人民福祉和促进人的全面发展、全体人民共同富裕的价值追求"②。从这个角度看，深入分析马克思人的发展思想的核心内容，系统梳理马克思代表性文本中关于人的发展的价值目标及其实现条件的相关论述，有利于全面认识马克思语境下的实现人的自由而全面的发展的深

---

① 马克思恩格斯选集：第2卷 [M]. 北京：人民出版社，2012：2.

② 蒋文玲，吕红波. 为什么出发——中国共产党人的初心和使命 [M]. 北京：北京联合出版公司，2018：110.

刻内涵，进一步深化对以人民为中心的发展思想的理解。

2.实际意义

第一，有利于实现培养德智体美劳全面发展的社会主义建设者和接班人的目标。在学校思想政治理论课教师座谈会上，习近平总书记肯定了新时代加强人才培养对于坚持发展中国特色社会主义、实现中华民族伟大复兴的中国梦的重要意义，对新时代我国教育工作的培养目标做出了具体规定。当前，我国已开启全面建设社会主义现代化国家新征程，党和国家事业发展迫切需要培养造就德智体美劳全面发展的社会主义建设者和接班人，坚持人的全面发展的价值取向。同时，思想政治教育作为一项十分重要的教育实践活动，应该在马克思人的发展思想的指导下，"集中体现马克思主义理论所内蕴的人文关怀思想"①。从这个意义上看，深入研究马克思人的发展思想有利于发挥其对思想政治教育的指导作用，推动人的全面发展取得更为明显的实质性进展，实现新时代我国教育工作的培养目标。

第二，有利于提升思想政治教育的科学性、有效性和针对性，推动新时代思想政治教育的发展进步。作为人类重要的社会活动之一，思想政治教育以人为出发点和落脚点，在提升人的思想政治素质和科学文化素质方面发挥着积极的作用，为促进受教育者的全面发展提供了重要的思想保障。马克思人的发展思想作为思想政治教育的理论基础，对提升思想政治教育的科学性、有效性和针对性具有重要的指导意义。以此为指导，思想政治教育要坚持人的全面发展的价值取向，努力培养担当民族复兴大任的时代新人。其中，思想政治教育者和受教育者作为教育过程中的双主体，要积极发挥自身的主导性和主体性作用，共同致力于构建新型的教育者与

---

① 曹清燕. 思想政治教育目的研究——基于马克思主义人学视角 [M]. 北京：中国社会科学出版社，2011：75.

受教育者之间的关系。同时，思想政治教育要遵循教育规律，推进大中小学思想政治教育一体化，将课堂教学与社会实践结合起来。社会也要在物质保障和文化环境、网络环境等方面为思想政治教育营造有利的环境，从而保障教育活动的顺利开展和受教育者的全面发展。因此，从这个意义上看，深入研究马克思人的发展思想对提升思想政治教育的科学性、有效性和针对性，推动新时代思想政治教育的发展进步具有重要意义。

二、国内外研究现状

（一）国外研究现状

关于人的发展这一问题，许多国外学者都从不同角度阐发过自己的见解。其中，有些学者认同、接受了马克思人的发展思想，并在阐述自身观点的过程中发展了这一思想；但也有一些学者是站在和马克思不同的立场上分析这一问题，因而最终导致了他们和马克思的观点渐行渐远，甚至完全背离。分析梳理国外学者对马克思人的发展思想的研究成果，对本研究的开展具有十分重要的基础性意义。

1.对马克思关于人的发展的制约因素的研究

进入20世纪30、40年代，尤其是在第二次世界大战结束之后，西方马克思主义进入了发展的黄金期。其中，西方人本主义马克思主义将人置于历史和哲学视野的中心，对人及其本质、解放和全面发展等问题进行了分析和探讨。其中，匈牙利哲学家、文学评论家格奥尔格·卢卡奇作为西方人本主义马克思主义的早期代表学者，阐述了自己对马克思关于人的发展的制约因素的见解。马克思曾在自己的作品中从异化劳动的角度探讨了资本主义私有制条件下人的发展问题，将异化与劳动结合起来加以研究，描绘了资本主义私有制条件下人的片面的、畸形的发展状况。在马克思看来，摆脱资本主义社会关系对人的发展的束缚，实现人的自由而全面的发展是人的发展的价值目标。对此，卢卡奇认为资本主义制度下人的物化和异化是制约人的发展的重要因素，并在其代表作品《历史与阶级意识》中，阐述了其人的学说中的核心部分——人的物化或异化理论。[①]在卢卡奇看来，物化和异化是人在社会生活中客体化、对象化的结果，是指人的本性、人的本质的异化和物化。他强调人原本是具有自主性、能动性和创造性的人，但当人与人之间的关系被物的关系所掩盖，人的活动及劳动产物不但不听从人的意愿，甚至反过来对人进行支配和控制的时候，便是人的本质、人的本性的异化。并且随着物化现象的普遍，生产朝着机械化和自动化的方向发展，逐渐形成物化意识的人的自主性、能动性和创造性会越来越少，这时人只能丧失人的本质。在卢卡奇看来，这一现象在20世纪的西方发达工业社会中日益普遍和深化，他也因此展开了对资本主义物化和异化的批判，阐明了克服异化、实现人的自由解放和全面发展的现实途径。虽然在对马克思关于人的发展的制约因素的研究方面，卢卡奇自认为自己的异化或物化理论是源于并发展了马克思的思想，但他却在研究的过程中将物化和异化视为同一个内容的概念，"混淆了对象化和异化两个概念的区别"，"又混淆异化和物化这两个概念"[②]。其人的物化或异化理论中对于异化的理解，与马克思在《1844年经济学哲学手稿》中所阐释的异化概念，即主体在自身发展过程中产生出与自己相对立的异己的力量，是截然不同的，这也导致了他对马克思关于人的发展的制约因素的分析与马克思的原意之间仍然存在着一定的偏差。

2.对马克思关于人的发展的含义的研究

马克思将人的发展与人的本质规定相联系，在全面剖析资本主义社会及其条件下人的发展状况的基础上，提出了实现人的自由而全面的发展的价值

[①]Konstantinos Kavoulakos. What is reification in Georg Lukács's early Marxist work?. Thesis Eleven, 2020, 157(1):41-59.

[②]李士坤，赵建文. 现代西方人论[M]. 石家庄：河北人民出版社，1988：254.

目标。在他看来，人的发展是人的根本的东西，即人的本质力量的发展。由此，他根据自己对人性的概括和对人的类特性及人的本质的科学论断，把人的全面发展理解为人的劳动能力、社会关系及个性的全面发展。对此，德国著名基督教思想家马克斯·舍勒作为现象学价值伦理学的创立者，从现象学的立场出发，以"完整人"为目标，最早使用现象学的原则和方法来研究人的问题。他肯定了人是一种自然性的有生命的存在，认为作为自然人而存在的人，由于受到具有自我活动能力的生命欲望和冲动的驱使，与动物具有共同的生命现象，还只是一个动物。在此基础上，舍勒又从精神领域对人进行了考察，确立了人的生命和精神双重本质结构。他根据人与动物相区别，从而确定了人的精神本质，肯定了具有丰富内涵的"精神"是人与动物的根本区别和人的本质特征，提出"人能与其他存在物相区分的只能是精神"①。在舍勒看来，人作为自然性生命发展的高级阶段的产物，获得了将自身与周围环境对象化的能力和得以摆脱现实世界对自身加以限制和支配的力量，成为了拥有自身意识和丰富精神内涵的全面完整的人。"对象状态是'精神'的逻辑方面最形式化的范畴。"②此后，舍勒又通过对人的精神本质的不确定性的考察，进一步论证了人通过不断打破自身局限的超越性过程来确定人的价值本质，肯定了人作为价值性的存在能够认识到自身的价值性本质，"价值"作为人所固有的本质对人而言具有重要的意义，"恰恰是人的价值本质世界限定并决定着他能认识的存在"③。由此，人的精神本质与价值本质在其发展过程中实现了高度的统一，人的发展亦是人的精神本质与价值本质相统一的过程。从总体上看，虽然舍勒提出的人的精神本质与价值本质对于考察人的本质具有积极的意义，并且坚持从人的本质出发，将人的发展与人的本质规定相联系。但是，由于他对于人的本质问题的认识始终缺乏现实

---

① 杨耕. 为马克思辩护 [M]. 哈尔滨：黑龙江人民出版社，2002：532.
② 严春友. 精美思想读本 [M]. 济南：山东友谊出版社，2008：304.
③ 刘小枫. 舍勒选集 [M]. 上海：上海三联书店，1999：751.

的基础，未能发现作为人的存在方式的社会实践对于人的本质所具有的决定性作用，从而导致了他未能科学地认识人的本质和人的发展问题，仅仅将人视为"精神"和"价值"的统一体，将人的发展视为人的精神本质与价值本质相统一的过程。

3.对马克思关于人的发展的推动力量的研究

在马克思看来，生产力和人的合理需要是人的发展的推动力量，人在生产和交往的实践活动中不断发展。他非常注重从需要视角来考察人的发展问题，看到了资本主义私有制条件下人的需要的异化，强调人的主体作用在其发展过程中所发挥的重要作用。在他看来，人具有满足和享受合理需要的权利，并且只有合理需要才能真正推动人的发展，人的发展要克服需要的异化。对此，法国哲学家让-保罗·萨特同样肯定了人的主体作用在其自身发展过程中扮演着重要角色，并提出了他的自由观念。萨特以自己的现象学本体论为出发点，论证了个人的绝对自由，强调了人的自由的重要性和人的发展的绝对自由。他将自己在《存在主义是一种人道主义》演讲中所提出的"存在先于本质"的命题，作为开展研究的根本方法。在他看来，人首先存在，而后才规定自己。"人就是自由，人的自由就是人的存在，人的存在先于人的本质。"①此外，萨特以"绝对自由"为人生的最高价值，无限度地夸大人的能动性和人的自由程度。他否定上帝的存在，认为人只能依靠自己来确定自己的本质，人具有自由选择的能力，是绝对自由的，自由是人不可被剥夺的本体状态。"对于人来说，没有上帝，没有既定的先验原则规范，人即是自由。"②在此基础上，萨特鼓励人们积极地行动起来，相信人可以完全自由地造就自己，可以自己决定其自身的规定性，即人的本质。在他看来，自由是个人的意志自由，"是选

---

① 黄颂杰. 萨特其人及其"人学"[M]. 上海：复旦大学出版社，1986：182.
② 万俊人. 比照与透析：中西伦理学的现代视野[M]. 广州：广东人民出版社，1998：33.

择自主权或者否定选择的自主权，个人自由的作用就是在多种可能性中进行选择，创造自己的本质，决定自己未来的命运"①。综上所述，萨特对于人的本质及人的发展的认识体现着崇尚直觉、否定客观规律的非理性主义的特征，他对于人的本质及人的发展的认识，与马克思宣称的人的存在不能离开人的本质、人在生产和交往的实践活动中不断发展、人的发展与社会发展相统一是截然不同的。

4.对马克思关于人的发展的实现途径的研究

第一，通过对人的本质即爱欲的解放和发展来实现人的发展。产生于20世纪30年代的德国的法兰克福学派，由于该派大多数学者都曾为法兰克福大学社会研究所的工作人员而得此名称，是当今西方世界中影响较大的西方马克思主义流派，其学术活动与20世纪30年代以来的资本主义社会状况密切相关。其中，美籍犹太裔哲学家、社会学家赫伯特·马尔库塞作为法兰克福学派的主要代表人物，肯定并沿袭了马克思在研究人的问题时所遵循的人的本质、人的存在、人的发展的理论结构模式，在吸收、继承马克思人的发展思想和批判精神的基础上，阐发了对人的发展现状的担忧和对人的发展前景的构想。马尔库塞从具体的人的存在出发，考察了发达资本主义社会下人的本质的丧失，即人的发展的异化状态。他认为在发达的工业社会，虽然人们的生活水平得到了显著提升，物质贫困状况在很大程度上得以改善，但是人们还是受到由物质上的极大满足而产生的控制、由意识形态产生的控制和艺术作为意识形态的工具对人的控制。"当代社会的力量（智力的和物质的）比以往大得无可估量——这意味着社会对个人统治的范围也比以往大得无可估量。"②在他看来，发达资本主义工业

---

① 王雨辰. 当代西方马克思主义哲学研究 [M]. 北京：中国财政经济出版社，2002：255-256.

② [美] 赫伯特·马尔库塞. 单向度的人——发达工业社会意识形态研究 [M]. 刘继，译. 上海：上海译文出版社，2008：2.

社会下的人成为被技术理性操控的单向度的人，丧失了否定、批判和超越能力，违背了人的本质的发展诉求。马尔库塞在批判当代发达资本主义社会现状的基础上，提倡应该从感性入手来揭示发达工业社会中单向度的人的真正本质，探索心理因素对人的作用。由此，他主张将马克思的观点与弗洛伊德的精神分析学说相结合，来研究二战后的社会历史和人的生存状况，并在沿用弗洛伊德学说中的"爱欲"概念的基础上，提出了爱欲本质论。在他看来，爱欲作为人的一种生存本能和需求，是性欲本身的意义的扩大，真正体现了人的本质属性，是人的本质和人类一切活动的核心。"爱欲使生命体进入更大的统一体，从而延长生命并使之进入更高的发展阶段。"[①]基于对人的本质的理解和判断，马尔库塞对人的发展问题展开了深入思考和系统论述。他提出依靠新左派这一主体力量走总体革命道路，将人的本质即爱欲从发达资本主义社会和现代工业文明的全面压抑中解放出来，以人的本质的发展，即对爱欲的解放和发展，为人的自由全面发展开辟道路。通过分析马尔库塞的上述思想，我们可以看出，虽然他认同并继承了马克思人的发展思想中的部分内容，但他撇开人的社会性将人的本质归结为爱欲，将人的发展视为爱欲的解放和发展的观点，具有典型的唯心主义性质，已经从根本上偏离了马克思对人的发展的认识和界定，他在对马克思关于人的发展的实现途径的理解上存在着误区。

第二，通过建构蕴含在交往行为中的交往理性来实现人的发展。作为法兰克福学派新一代的代表学者，德国哲学家尤尔根·哈贝马斯"是一位杰出的哲学史学家"，"他把马克思比作一种传统和范式"并"称之为主体哲学"[②]。在其著作《作为"意识形态"的技术与科学》中，哈贝马斯

---

① 林艳梅，黄小寒. 国外马克思主义哲学形态研究 [M]. 哈尔滨：黑龙江人民出版社，2013：110.

②John Grumley. Marx and the Philosophy of the Subject: Markus Contra Habermas[J]. Thesis Eleven, 1991, 28(1):52-69.

在接受马尔库塞哲学观点的基础上，论述了科学技术与社会的关系。他认为"科学技术的发展与资本主义的合理化有很大关系"，"科学技术既是生产力，又是意识形态"①。在他看来，虽然科学技术在一定程度上推动了社会的发展，但同时也形成了对自然界和人的控制，使人变得不自由。哈贝马斯由此得出了科学技术的发展与人的自由发展相冲突的结论，并在此基础上展开了对社会批判理论的论证。他强调以语言为沟通载体，认为"通过语言的模式就可以改造社会"，语言能够加强人们之间的接触、交往及互相了解，能够"提高人们的道德修养，从而形成人与人之间的崭新关系"②。虽然此时哈贝马斯对"交往"这一概念的理解仅停留在沟通的视角，但他在认同马克思关于交往推动人的发展这一观点的基础上，理性分析了西方社会交往困境和人的异化现象，坚持批判工具理性对人的创造力、想象力和自主性的压抑和扼杀，提倡建立和谐的人际关系和平等自由的社会关系，并通过建构蕴含在交往行为中追求共识的交往理性来实现人的发展。从这个意义上看，哈贝马斯关于人的发展的基本观点是对马克思人的发展思想的完善和补充。

通过梳理和解读国外学者的上述观点，我们可以发现，学者们更倾向于从人的发展的制约因素、实现途径等方面来着手研究马克思人的发展思想，却缺乏对这一思想产生的社会历史背景及核心内容的分析，从而导致了学者们对马克思人的发展思想的分析和理解还不够深入系统。但从总体上看，国外学者对马克思关于人的发展的制约因素、含义、推动力量以及实现途径的研究和关注，依然为本研究的开展奠定了重要的基础。

---

① 全增嘏. 西方哲学史：下册 [M]. 上海：上海人民出版社，1985：869.
② 全增嘏. 西方哲学史：下册 [M]. 上海：上海人民出版社，1985：873-874.

（二）国内研究现状

近年来，马克思人的发展思想作为其理论体系的重要组成部分，逐渐进入了国内学者的研究视野，并日益受到学术界的关注。具体而言，在学术专著方面，国内学者大多将马克思关于人的问题的研究成果作为研究对象，并将其分为相应的主题，如人的存在、人的本质、人的需要等，而人的发展往往也作为研究的主题之一单列一章来加以阐释。在期刊论文方面，自20世纪80年代以来，与马克思人的发展思想相关的大量文章在国内期刊上陆续发表；自2000年以来，部分博士论文和硕士论文也对该问题进行了关注和阐释，学术研究成果颇丰。从总体上看，回顾并总结马克思人的发展思想的研究状况，有助于深化对该问题的认识，推进本研究的顺利开展。同时，通过对上述研究成果及基本现状的分析把握可知，国内学者对于该问题的争鸣点与共识点主要集中在以下几个方面。

1.对马克思关于人的发展的含义的研究

第一，从不同层面阐释人的发展的含义，针对人的片面发展提出人的全面发展。陈志尚在《人学新论》中明确提出，人作为真正发展的动物，其真正意义上的发展应该是全面发展。他认为，从人类整体及人类个体两个层面来理解人的全面发展，可以将其理解为：个体的社会化和个性化过程即"个人发展"，和人从自然压迫和社会压迫中获得解放即"人类发展"。在他看来，这两个层面既存在区别又相互联系，是辩证统一的关系。①万光侠在《思想政治教育的人学基础》中强调，在马克思看来，人的全面、自由、充分的发展是其发展的理想状态。在此基础上，他将人的发展的含义理解为：相对于资本主义社会人的片面、畸形发展而言的人的

---

① 陈志尚. 人学新论——马克思主义人学基本理论和重大现实问题研究 [M]. 北京：人民出版社，2015：145-146.

全面发展，表征着"现实的人对必然的认识和对主观和客观世界的改造"的人的自由发展，以及只有在未来共产主义社会才能实现的人的充分发展。①王北生在《教育与人的发展研究》中提出，不管从何种角度谈人的发展或人的全面发展，都不能缺少对包括认识能力、劳动能力在内的人的能力的发展的关注。他认为，马克思恩格斯在不同的历史背景或从不同的方面阐释了人的全面发展的含义，具体包括：针对人的片面或畸形发展，提出人的全面发展是"人的体力劳动和脑力劳动的有机结合，是体力和智力的统一发展"；通过对人的劳动能力和社会关系的考察，提出人的全面发展是人的全面能力的发展，即达到能自由掌握、运用自然和社会规律，并在思想觉悟、道德面貌及精神情趣方面达到一定程度；从人的全面发展的最终目标和共产主义彻底解放全人类的伟大目标出发，将其理解为个人能力和全体社会成员的全面发展。②

第二，将人的发展与人的本质规定相联系，把人的发展理解为人的本质力量的发展。袁贵仁在《马克思主义人学理论研究》中，将人的全面发展理解为人的根本的东西即人的本质的发展，肯定了马克思关于人的本质的科学论述对正确认识、理解马克思关于人的发展问题的重要意义。以此为依据，他对自己之前在《对人的哲学理解》中所总结的人的发展定义——"每个人在劳动、社会关系和个体素质诸方面的全面、自由而充分的发展"③进行了进一步深化，具体说明了与人的本质规定相联系，人的全面发展表现为三个层面。具体而言，根据马克思"自由自觉的劳动是人的类特性"的论断，人的发展是包括个体能力和集体能力、"自然力"和社会能力、"潜力"和现实能力、体力和智力四个方面在内的人的劳动及其能力的全面发展；根据马克思"人的本质是一切社会关系的总和"的论

① 万光侠. 思想政治教育的人学基础 [M]. 北京：人民出版社，2006：451-453.
② 王北生. 教育与人的发展研究 [M]. 北京：中国社会科学出版社，2015：198-203.
③ 袁贵仁. 对人的哲学理解 [M]. 上海：东方出版中心，2008：465.

断，人的发展是包括其对象性关系的生成、对社会关系自由度的提高，以及个人社会关系的高度丰富和充分展示这三个方面在内的人的社会关系的全面丰富；根据马克思"人是自然、社会和精神的统一体"的论断，人的发展是包括人的独特性和自主性发展在内的人的个性的自由发展，是在社会实践基础上人的自然、社会和心理素质的发展。①韩庆祥在《现实逻辑中的人》中明确提出，理解个人的"类特性""社会特性"和"个性"在个人那里的充分发展，建立在充分认识人的这三种基本特性的基础之上，这也是马克思在研究人的全面发展问题时所坚持的方法论原则。其中，个人的"类特性"在个人那里的全面发展，包括个人主体性及其内在本质力量的充分发展，以及"个人活动充分达到丰富性、完整性和可变动性"；个人的"社会特性"在个人那里的充分发展，包括个人与他人发生相互关系，交流经验和知识，个人主要社会关系的和谐发展，并在丰富全面的社会关系中获得现实关系和观念关系的全面性；个人的"个性"在个人那里的充分发展，包括个人自然潜力的充分发挥，肉体和心理的完善，需要和感觉的相对全面丰富，以及精神道德观念和自我意识的全面性，个性的自由发挥。②此外，曹清燕在《思想政治教育目的研究》中，也将人的发展理解为人的本质力量的发展，即"人向平等发展、全面发展、和谐发展和自由发展几个方面逐步实现和日渐趋近的过程"。在她看来，人的发展的内涵主要体现在人的平等、全面、和谐和自由发展等方面。其中，针对发展的主体而言，人的发展是由不平等到平等的发展；针对发展的内容而言，人的发展是由片面到全面的发展；针对发展中的关系而言，人的发展是由不和谐到和谐的发展；针对发展的程度而言，人的发展是由不自由到

① 袁贵仁. 马克思主义人学理论研究 [M]. 北京：北京师范大学出版社，2017：264-276.

② 韩庆祥. 现实逻辑中的人：马克思的人学理论研究 [M]. 北京：北京师范大学出版社，2017：298-301.

自由的发展。这几个方面是内在统一、不可分割的关系，其演进过程构成了人的发展过程。[①]

综上所述，在马克思关于人的发展的含义的研究方面，以上学者无论出发点如何，他们对这一问题的研究都将为我们正确认识人的发展的含义奠定重要的理论基础。

2.对马克思关于人的发展的规律的研究

人的发展作为一个自然历史过程，有着一定的客观规律性。学者们在肯定人的历史发展有规律可循的基础上，站在不同的研究视角对马克思关于人的发展的规律展开了研究和解读。其中，陈志尚在《人学新论》中明确提出，人的发展是有一定的规律可循的。他认为马克思视域中的人的发展规律具体包括："人和环境相互作用的规律"，即两者互相依存、互相制约、互相创造，人生存于一定的自然环境和社会环境之中，环境是影响人身心发展的主要因素；"人的个体发展的有限性和类的发展的无限性相互蕴涵的规律"，具体而言，人类和个体的发展过程存在着有限和无限之别，个体的能力和社会存在由低级向高级发展，其发展是有限的，而由无数个人构成的人类总体的发展过程是无限的，类的无限性与个体的有限性相互蕴涵、相互过渡；随着人的实践能力的提高，其"实践活动的自发性递减与自觉性递增"；以及"人的发展的不自由性、片面性递减和自由性、全面性递增的规律"。[②]韩庆祥在《现实逻辑中的人》中提出，马克思将人放到历史过程中考察的目的之一，就在于揭示人的历史发展的基本规律。其中包括马克思着眼于人自身及其社会物质生活条件的发展的历史过程，以及历史发展过程中个人能力同对象的意义的相关性，提出的"个

---

① 曹清燕. 思想政治教育目的研究——基于马克思主义人学视角 [M]. 北京：中国社会科学出版社，2011：195-200.

② 陈志尚. 人学新论——马克思主义人学基本理论和重大现实问题研究 [M]. 北京：人民出版社，2015：150-155.

性发展、群体发展和族类发展在历史中的地位转换"等规律。[①]此外，王
孝哲在《马克思主义人学概论》中提出，人在社会中实现自身的发展，人
的发展具有一定的客观规律性。在他看来，这些规律主要包括：一是人的
本质随着社会关系的变化而变化，阶级社会中人的阶级本质是由其所在阶
级社会中的社会关系所决定的，个体的人的具体本质也是由具体的社会关
系所决定的；二是"人与环境相互作用的规律"，即一方面自然环境会影
响人的生理特性、心理特性和人的思维方式，社会环境会影响人的语言、
习惯、道德品质、人的需要、思想观念和实践能力，另一方面人也能够影
响、改变自然环境和社会环境；三是人的社会存在与意识相互依赖、相互
促进，并在这一规律的作用下不断向前发展；四是不仅人的社会素质的提
高是推动人的实践活动不断发展的巨大动力，社会实践活动也是推动人的
社会素质不断提高的强大动力，两者相互依赖、相互作用、相互促进；五
是人的发展会促进社会的发展，社会的发展也能够促进人的类本质、需
要、社会素质、社会关系和个性的不断发展，两者相互促进。[②]

3.对马克思关于人的发展与社会发展的关系的研究

综合整理国内关于马克思人的发展思想的学术资料，可以看出，人的
发展与社会发展的关系问题，是马克思人的发展思想研究过程中一个不可
忽视的问题。学者们对这一问题的研究有助于我们全面把握两者之间的辩
证关系，进一步深化对马克思人的发展思想的认识。其中，陈志尚在《人
学新论》中明确提出，作为社会主体的人与作为人的客体的社会，在现实
世界里不可分割，他们之间存在着双向互动的辩证关系，并通过"现实的
人"的实践活动辩证有机地结合在一起。在他看来，两者既相互决定，又

---

① 韩庆祥. 现实逻辑中的人：马克思的人学理论研究 [M]. 北京：北京师范大学出版社，
2017：281-291.

② 王孝哲. 马克思主义人学概论 [M]. 合肥：安徽大学出版社，2009：217-231.

互为手段和目的。①陈新夏在《唯物史观与人的发展理论》中提出，社会进步与人的发展之间是相互促进的关系。具体而言，一方面社会进步作为社会由低级到高级的发展过程，是由人所推动的，是人有意识的活动的结果，社会进步的核心是人的发展；另一方面，人的活动又依赖于一定的条件，并遵从社会发展规律，人的发展有赖于社会进步，并且其发展状况是衡量社会进步与否和水平高低的重要尺度。在他看来，实现社会进步与人的发展的统一，要注重以人的发展引领社会进步，关注个人利益与社会利益的平衡，调整人们的交往关系，关注人的发展的主体范围和相对平衡。②欧顺军在《人学概论》中明确提出，马克思在其关于人的发展的学说中对个人发展和社会发展的关系进行了揭示。在他看来，两者之间密不可分。其中，一定的社会条件和制度环境对人的发展至关重要，而作为社会发展的重要组成部分，人的发展也为社会发展提供了动力。③何玲玲在《马克思人的发展与社会发展关系理论研究》中提出，马克思从人的实践活动出发揭示了两者之间的辩证统一关系。具体而言，实践既催生了人的发展与社会发展的对立，又是两者相统一的基础；人是社会发展的历史主体，人的发展推动并在特定历史情境中主导着社会发展；社会发展是人的发展的现实载体，承载着人的发展。④以上学者在充分肯定人的发展与社会发展具有密切关系的基础上，对两者之间的辩证统一关系进行了阐释，学者们的研究成果为本研究的开展奠定了重要的理论基础。

4.对马克思关于人的全面发展的条件的研究

国内学者基于对马克思人的发展思想的研究，从不同角度分析了马

① 陈志尚. 人学新论——马克思主义人学基本理论和重大现实问题研究 [M]. 北京：人民出版社，2015：160-169.
② 陈新夏. 唯物史观与人的发展理论 [M]. 南京：江苏人民出版社，2012：111-132.
③ 欧顺军. 人学概论 [M]. 长沙：岳麓书社，2011：255-258.
④ 何玲玲. 马克思人的发展与社会发展关系理论研究 [M]. 北京：人民出版社，2014：77-107.

克思关于人的全面发展的条件。相对而言，以下几位学者的观点比较具有代表性。其中，陈志尚在《人学新论》中系统梳理了马克思恩格斯关于人走向自由全面发展的基础和条件的相关论述，肯定了人的生活和发展离不开现实的物质条件。在他看来，人走向自由全面发展的基础和条件主要包括：一是"分工和私有制的消灭"，这一消灭是个人在现代生产力和世界交往所建立的基础上的联合；二是"由物对人的统治变为人对物的统治"；三是"能驾驭外部世界对自身的推动作用"，人在物质生产中起着非常重要的作用；四是教育和环境在实现人的全面发展的过程中扮演着重要的角色；五是"时间是人类发展的空间"，个人发展要有自由的时间，人的自由发展只能在自由时间里进行，自由时间越多，人的自由发展就越充分，自由时间是人的发展的重要条件。[①]袁贵仁在《马克思主义人学理论研究》中提出，马克思始终在努力寻找人的全面发展的条件，探讨人的全面发展的方法与途径，并切实创造条件来推动人的发展。在他看来，一方面，从外因角度来看，生产力作为人类社会发展的前提和动力，在实现人的全面发展的过程中扮演着重要的角色，生产力是人的发展的前提和动力。其作用体现在：生产力作为人改造自然的能力，其发展也是人的能力的发展，以及科学技术丰富了人的知识，发展扩大了人的体力和智力等。此外，高度发展的生产关系在人的全面发展过程中也扮演着重要的角色，生产关系是造成资本主义社会条件下工人单方面的、畸形的发展的直接原因。一定的教育和训练作为传送知识和经验的手段，是培养、造就全面发展的人的重要方法。另一方面，从内因角度来看，人自身的活动是关系人的发展的最重要的因素，是个人发展的内因，诸如生产力、生产关系等外因也要通过内因起作用。个人的积极实践活动在人们的各种活动中最为重

---

① 陈志尚. 人学新论——马克思主义人学基本理论和重大现实问题研究 [M]. 北京：人民出版社，2015：193-200.

要，是人的"生理活动的基础、心理活动的源泉"和"社会活动的主要内容"。①韩庆祥在《现实逻辑中的人》中明确提出，马克思视域中的人的历史发展是有条件的，他十分关注这些条件并在考察、分析人的历史发展的条件方面花费了许多精力。马克思强调了包括个人意识和追求、社会交往等在内的主体方面的条件；分析了生产实践方面的条件；论述了包括高度发展的生产力和生产关系、周围人的发展、私有制的消灭等在内的外部客观方面的条件。在此基础上，马克思还分析了社会和个人运用条件的方式问题。②王北生在《教育与人的发展研究》中提出，根据马克思恩格斯的论述，实现人的全面发展需要满足三个社会条件，分别是："充分发达的社会生产力是实现人的全面发展的物质条件"，现代机器大工业生产力的发展使人有较为充足的物质基础和时间精力来从事脑力劳动、发展智力，从而为其全面发展创造了可能；"社会生产关系是实现人的全面发展的重要条件"，资本主义的私有制性质造成了人的片面发展，要实现人的全面发展，必须消灭私有制和旧式分工，建立社会主义公有制并逐步实现共产主义；此外，"教育也是实现人的全面发展必不可少的条件"，教育可以使人摆脱旧的分工造成的片面性，是造就全面发展的人的有力手段，对人的发展有着全面系统的影响。③

5.对人的发展与思想政治教育的关系的研究

在我国，思想政治教育作为马克思主义理论一级学科下的一个独立的二级学科，以马克思主义为理论基础和核心内容。关于人的发展与思想政治教育的关系，学者们普遍认为，促进人的自由而全面的发展是思想政治教育的价值理想和最终目标。其中，万光侠认为，思想政治教育要坚持

---

① 袁贵仁. 马克思主义人学理论研究 [M]. 北京：北京师范大学出版社，2017：278-282.

② 韩庆祥. 现实逻辑中的人：马克思的人学理论研究 [M]. 北京：北京师范大学出版社，2017：292-294.

③ 王北生. 教育与人的发展研究 [M]. 北京：中国社会科学出版社，2015：211-213.

人的自由而全面发展这一马克思主义的最高命题和根本价值。具体而言，思想政治教育对于人的发展的重要作用和意义主要体现在："思想政治教育为人的全面发展提供精神动力"，能够通过思想引导、行为引导和价值引导，使人们普遍接受马克思主义理论，掌握正确的立场、观点和方法；"思想政治教育为促进人的全面发展提供正确的思想保障"，将人们引向健康进步的方向，促进人们正确地、全面地发展自己；"思想政治教育是促进人的精神品位提升的重要手段"，能够促进人们不断地进行生活反思，调整自己的人生理想，提高人们的道德境界。①此外，曹清燕在《思想政治教育目的研究》中也强调，思想政治教育是促进人的发展的重要方式和途径，其目的在于促进人全面而自由的发展。具体而言，思想政治教育作为一种实践，"主要在精神方面、思想道德素质方面促进人的发展"；能够促进其精神生产、精神生活能力的发展和思想道德、思想政治素质的提升；能够促进人的社会关系的丰富和协调，给人提供相应的价值原则、道德规范和指导思想；能够促进人的个性的形成，为人的个性发展提供导向保证和激励催化，并整合人的个性发展的环境，促进人的个性力量的增强。同时，在她看来，"思想政治教育目的指向人的全面而自由的发展"。并且由于人的发展是一个逐步实现的现实发展过程，因此思想政治教育目的的实现也必然要经历"一个可以逐步实现但无穷地趋于完美的过程"。②

综合国内学者关于马克思人的发展思想的研究成果可以看出，以上学者对这一问题的研究取得了丰富的理论成果，主要表现在：一是对马克思关于人的发展的含义进行了界定，为我们全面理解这一问题奠定了重要的理论基础。二是总结了马克思关于人的发展的规律，肯定了人的发展作

---

① 万光侠. 思想政治教育的人学基础 [M]. 北京：人民出版社，2006：467-470.
② 曹清燕. 思想政治教育目的研究——基于马克思主义人学视角 [M]. 北京：中国社会科学出版社，2011：206-214.

为一个自然历史过程具有一定的规律性，发现了人的发展与社会发展之间的相关性，并对两者之间的辩证统一关系进行了具体说明。三是在马克思关于人的全面发展的条件的研究方面取得了一定成果，学者们在这一问题上所达成的共识集中表现在强调生产力和生产关系因素对人的发展的重要作用。四是在分析研究马克思人的发展思想的同时，学者们还围绕着人的发展与思想政治教育之间的关系这一问题展开了理论探讨，并提出了极具启发意义的观点，为本研究的开展奠定了坚实的理论基础。然而，目前国内关于马克思人的发展思想的研究仍然存在着不成熟之处。在学者们的现有研究成果中，关于马克思人的发展思想的发展演进历程梳理得还不够清晰，关于马克思人的发展思想对思想政治教育的指导作用这一问题阐释得还不够明确和具体，这些问题有待我们在接下来的研究中进行解决。以此为依据，本书拟对马克思人的发展思想形成的社会背景及理论来源、发展进程及文本溯源、核心内容，以及其对思想政治教育的指导作用等方面，展开深入的分析和系统的阐述，力图构建相对完善的关于马克思人的发展思想的逻辑体系，在学习借鉴以往研究成果的基础上推动马克思人的发展思想研究的进一步成熟和完善。

三、本书研究方法

（一）文献研究法

本研究以马克思主义经典著作为文本依据，根据马克思在著作中所阐释的关于人的发展的基本观点，具体说明了这一思想的发展进程及马克思人的发展思想的核心内容。此外，本研究的开展建立在大量搜集和整理国内外学者关于马克思人的发展思想的研究成果的基础上，这一做法保证了本研究成果的理论深度，为研究成果的客观性、准确性和全面性奠定了重要基础。

（二）逻辑与历史相统一的方法

随着马克思对客观世界本质和人类社会发展规律的探索的不断深入，马克思人的发展思想也经历了一个由萌芽到成熟的发展过程。本书在研究过程中始终坚持逻辑与历史相统一的方法，不仅从人的发展的首要前提、推动力量、价值目标及其实现条件等方面，对马克思人的发展思想的核心内容展开了逻辑分析；还纵向梳理了马克思代表性文本中所蕴含的人的发展思想，阐明了这一思想的发展进程，实现了逻辑与历史的统一。

（三）理论与实际相结合的方法

马克思人的发展思想作为其理论体系的重要部分，是马克思对人的发展相关问题的科学解答，极具理论性和科学性，有着十分丰富的内容和较高的研究价值。同时，这一思想作为思想政治教育的重要理论基础，对提升思想政治教育的科学性和针对性，推动新时代思想政治教育的发展进步具有重要的指导意义。本书在研究过程中始终坚持理论与实际相结合的方法，不仅从理论上分析了马克思人的发展思想形成的社会背景及理论来源、发展进程及文本溯源、核心内容，还结合时代发展特点和当前社会实际探讨了马克思人的发展思想对思想政治教育的指导作用，实现了理论与实际的有机结合。

四、本书创新点

（一）对马克思人的发展思想做了系统的梳理

本研究从不同角度对马克思人的发展思想进行了系统梳理。一方面，本研究以时间为线索，根据马克思在其代表性著作中阐释的关于人的发展的基本观点，纵向梳理了其中所蕴含的人的发展思想，力图从整体上勾勒出这一思想从萌芽到成熟的发展进程。另一方面，本研究还在此基础上横向梳理了马克思人的发展思想的核心内容，具体分析了人的发展的首要前提、推动力量、价值目标及这一目标的实现条件，从不同角度对马克思人的发展思想展开理论研究。

（二）阐释自由时间和教育对实现人的自由而全面的发展的重要意义

本研究系统梳理了马克思关于实现人的自由而全面的发展的相关论述，在以往研究成果的基础上，阐释了摆脱资本主义社会关系对人的发展的束缚、实现人的自由而全面的发展是人的发展的价值目标，而实现这一目标需要满足的条件不仅包括社会所有制取代私人所有制、"自觉分工"取代旧式分工，还包括自由时间的增多，以及教育与生产劳动相结合，强调说明了可以自主支配的时间和教育对于实现人的自由而全面的发展的重要意义。

（三）分析马克思人的发展思想对思想政治教育目标的指导作用

马克思人的发展思想作为思想政治教育的理论基础，对提升其科学性、有效性和针对性具有重要意义。本书在研究的过程中，紧密结合思想政治教育的学科特点和目的任务，重点分析了马克思人的发展思想对于思想政治教育目标的指导作用。具体而言，思想政治教育要坚持以马克思人的发展思想为指导，促进受教育者德智体美劳全面发展，为培养担当民族复兴大任的时代新人作出积极的贡献。

第二章

马克思人的发展思想形成的社会背景
及理论来源

任何一种思想理论的诞生都离不开一定的社会历史条件和思想理论基础。作为马克思在揭示人类社会发展规律、探索资本主义发展规律及发展趋势的过程中逐步形成的重要理论成果，诞生于19世纪的马克思人的发展思想也同样如此。系统梳理这一思想形成的社会背景和理论来源，是完整、准确地把握马克思人的发展思想的必然要求。

一、马克思人的发展思想形成的社会背景

18世纪60年代工业革命的兴起开启了资本主义工业化的发展进程，推动了资本主义经济的快速发展；与此同时，资本主义生产方式造成了工人阶级的片面发展状况，资产阶级对工人阶级的剥削日益严重，社会财富分配严重不公。这些现实状况引起了工人阶级的强烈不满，受剥削、奴役的工人阶级奋起反抗，开展了声势浩大的欧洲工人运动，推动了马克思人的发展思想的诞生。

（一）工业革命开启资本主义工业化进程

改变了人类历史发展进程的工业革命是"一个在18世纪以前已开始进行，并由于各种实际的目的而一直延续到现在的'革命'"①。工业革命

---

①[美]斯塔夫里阿诺斯. 全球通史：从史前史到21世纪 [M]. 吴象婴，等，译. 北京：北京大学出版社，2013：487.

的兴起实现了机器对人力的取代，是一个由简单协作的资本主义手工工场向大机器生产过渡的过程。由于长达300余年之久的圈地运动对传统农业社会的瓦解，新航路开辟后殖民扩张获得了巨额的货币资本，以及海外市场的日益扩大，工业革命在英国率先起步，并"在很大程度上起源于前工业化时期的'制造业'"①。

在当时，包括纺织业、工具及器具制造业、初级产品加工业等行业部门完全依靠人力、畜力或风力、水力等动力来运作，主要以作坊、手工工场或大型工作场地、家庭工业制三种形式来组织生产。其中，由师傅、学徒和帮工组成的作坊，在分工上没有严格的区分，且不存在现代意义上的劳资关系；于16至18世纪中叶在采矿、冶金、造船等生产规模较大的行业中集中发展起来的手工工场或大型工作场地，已经开始需要多人之间的分工合作，并出现了资本和劳动的完全分离；而在当时占主导地位的家庭工业制，则主要集中在纺织、编织等行业，由占有生产原料及劳动产品、能与市场相协调的商人，实际控制着生产和流通等环节，在一定程度上体现出了商业资本对生产领域的干预和渗透。总体来看，这一时期的生产所积累的大量资本和技术、培养的企业家和劳动力，以及开发的广阔市场，为日后工业革命的兴起创造了必要的条件。同时，海外殖民扩张及商品贸易对欧洲经济发展产生的推动作用日益凸显，"资本以利润的形式从世界各地源源流入欧洲"，尤其是英国。②以此为基础，从18世纪下半叶起，工业革命在英国拉开了帷幕。

在英国，工业革命首先表现为纺织业生产工具和生产技术的改进。约翰·凯伊在1733年发明的可以自动来回工作的飞梭取代了用手抛掷的织

---

① 钱乘旦. 英国通史·第四卷：转型时期——18世纪英国 [M]. 南京：江苏人民出版社，2016：134.

② [美] 斯塔夫里阿诺斯. 全球通史：从史前史到21世纪 [M]. 吴象婴，等，译. 北京：北京大学出版社，2013：488-490.

梭，使织布的速度得到了显著的提升，也在一定程度上打破了纺纱和织布之间的平衡。为了应对社会上出现的日益严重的"纱荒"问题，詹姆士·哈格里夫斯在1764年发明了以人力为动力的多锭纺纱机即珍妮纺纱机，并在纺织业引发了发明机器、革新技术的连锁反应。继哈格里夫斯之后，理查德·阿克莱特在1769年发明的水力纺纱机，塞缪尔·克朗普顿在1779年结合了前两者的优点发明的走锭精纺机即"骡机"，和埃德蒙·卡特莱特在1785年发明的可以马匹、水力或蒸汽为动力的自动织布机，使纺纱摆脱了人力的局限，解决了织布速度加快背景下棉纱供不应求的问题，提高了纺纱量及织布和纺纱的速度，使纺纱和织布技术得到了进一步的改进。得益于以上生产工具和生产技术的改进，纺织业逐渐走上了机械化道路，极大地提高了生产效率。同时，作为获得"全民工业"荣誉的第一个工业部门，毛纺织业的发展也为英国的工业化进程奠定了坚实的技术基础，"英国的资本主义工业化就是从变革这些生产工具开始的"[①]。

在改进生产工具和技术的同时，生产的动力问题也逐步得到了有效的解决。托马斯·塞维利在1698年发明的蒸汽泵和托马斯·纽科门于1705年在改造蒸汽泵基础上制造的新式蒸汽机，为18世纪60年代中期詹姆士·瓦特改良并发明蒸汽机奠定了基础。瓦特于1769年发明的单动式蒸汽机能够以蒸汽的压力为动力驱动机器运转，于1782年发明的复动式蒸汽机使水力受地理和季节因素限制的问题得到了有效的解决，满足了技术变革在动力方面的需求。蒸汽机的横空出世具有划时代的意义，其迅速推广在很大程度上使英国社会发生了改变。人类开始以蒸汽这一人造动力代替原始的水力、风力驱动机器来完成产品生产，冶金业、采煤业和造船业等工业部门也通过引入蒸汽机，实现了技术上的革新和生产方式的巨大转变，机器制

---

① 赵伟. 通向市场经济工业国之路：工业化比较研究 [M]. 西安：西北大学出版社，1993：10.

造业的建立和发展改变了整个手工业生产的面貌。

蒸汽机的广泛使用不仅极大地推动了诸多行业的技术变革和生产增长，也带来了生产组织形式的变革。继1769年发明水力纺纱机后，理查德·阿克莱特在1771年利用自己的发明创办了第一个水力纺纱厂。此后，阿克莱特的这一专利权在1785年被撤销后，强调劳动纪律及分工合作的工厂制逐步建立了起来。"到1788年，英格兰和苏格兰已有纱厂142家，纺锭200万只。"①工厂制的普及不仅促进了生产力的发展，也对工人有了新的要求，纺织业等行业也纷纷走上工厂化道路，家庭手工业及手工工场制度开始了向工厂制度的过渡。而且，在工厂制逐步建立起来的过程中，不再受自然环境所限制的工厂逐渐从乡村向城市转移，大量工场主和自由劳动力的到来直接带动了城市和各行各业的发展。蒸汽鼓风机、搅拌炼铁法、坩埚炼钢法和轧钢技术等技术的发明，有力地推动了钢铁工业的技术进步，并在一定程度上刺激了煤炭的生产，纺织业、煤炭业和炼铁业很快确立了其作为英国经济支柱产业的重要地位。同时，面对建立工厂对钢铁的大量需求，以及向国内和海外市场运送原料及成品的需要，英国又将改善交通运输条件提上了日程。此后，运河的开凿、汽轮的建造和铁路的发展有力地推动了交通运输业的革命性变革和现代交通运输体系的创建。

工业革命的兴起开启了资本主义工业化的发展进程。机器的制造和蒸汽动力的使用使人手的作用得以延伸和扩大，提高了人的劳动效率和劳动能力，人的生产能力有了根本性的变化。人类开始进入"蒸汽时代"，从农业文明向工业文明迈进，现代工业部门逐渐取代了传统农业部门而成为国民经济主体。至19世纪，工业革命逐渐从英国这一资本主义工业化的开拓者和发祥地，向欧洲甚至全世界扩散开来，法国和美国紧跟着英国的步伐开始了工

---

① 赵伟. 通向市场经济工业国之路：工业化比较研究 [M]. 西安：西北大学出版社，1993：11—12.

业革命。其中，与英国、法国的快速发展相比，德国由于分裂局面工业革命开始得相对较晚，但"德国的工业革命进行得十分迅速，到19世纪70年代，已经基本完成"①，资本主义工业化的发展进程持续向前推进。

（二）资本主义生产方式造成工人阶级的片面发展

发端于英国的工业革命作为资本主义工业化的开端，使手工劳动被蒸汽动力和机器作业所代替，快速发展起来的生产力所创造的巨大物质财富为资本主义生产关系的确立提供了一定的物质基础。在此基础上，萌芽于封建社会内部的资本主义生产方式实现了由工场手工业向机器大工业的转化，战胜了封建主义生产方式，显现出巨大的革命性。资本主义生产方式不仅打破了自给自足的自然经济对人的束缚和封建的人身依附关系，扩大了各地方和民族之间的相互交往，还促进了生产规模的不断扩大和分工的日益细化，极大地推动了生产力的发展。

然而，以生产剩余价值为直接目的的资本主义生产方式在推动生产力发展的同时，也包含着一系列的内在矛盾。随着生产社会化程度的逐渐提高，资本主义生产通过运用机器技术使社会财富在资本家手中聚集起来，他们以惊人的速度使手中的资本获得了成倍增长，手中集中了大量为组织生产所需的生产资料和货币财富。此时，生产的社会化与生产资料资本家私人占有之间的矛盾日益突出，资本家与雇佣工人之间的对抗性矛盾在无形中改变了资本主义社会结构，带来了社会阶级关系的日益分化。社会上开始出现脱离劳动、靠地租或资本利息来增加收入的有产者阶级即资产阶级，和与其相对立并受其剥削、没有土地和生产资料的无产阶级即工人阶级。而且随着工业革命的进行和资本主义经济的发展，资本主义生产方式对剩余价值的贪婪追求造成了对工人的漠视和剥削，上述两大阵营之间的

---

① 孙骁. 一张大事年表，快读世界历史 [M]. 北京：团结出版社，2011：274.

分化和对立日趋明朗，资产阶级财富的积累与工人阶级贫困的积累形成了鲜明的对比。"生产资料占有者不劳而获，劳动者却一无所有"①，工人仿佛"被一根看不见的锁链锁着"②，在恶劣的劳动条件下为资产阶级创造着剩余价值，处境非常悲惨。这一问题引起了马克思恩格斯的关注，马克思在《资本论》中对资本主义生产方式展开了深刻的分析和批判，恩格斯也曾根据大量权威材料和亲身调查，在《英国工人阶级状况》一书中深刻揭露了工人阶级的片面发展状况。

具体而言，在手工劳动向蒸汽动力和机器作业过渡的过程中，机器的采用简化了生产操作，有效地提高了劳动生产率，减少了生产产品的必要劳动时间。工人仅需跟随机器运转进行简单、机械的操作，或只做机器生产某一特定环节的工作。虽然他们的双手在一定程度上得到了解放，但机器却在实际生产活动中"使工人的劳动毫无内容"③，在无形中成为统治和剥削生产者的手段。工人则逐渐成为机器的附属品和机器的奴隶，在资本主义劳动纪律的制约下承担着体力方面的劳动。工场主为了赚取更多的利润会加速机器的运转，增加工人的劳动强度，导致工人体力和精力的过度消耗。以英国为例，"在英国，由于采用蒸汽机织布机代替手工织布机以后，就有80万手工业者破产，流入无产阶级的队伍"④；而且"由于加快机器的运转"，1832年"使工人在12小时内看管两台纺40支纱的走锭精纺机来回走的距离为1815年的2.5倍，牵伸的次数为1815年的2.6倍多"⑤。此外，失去了生产资料的工人阶级在现实生活中的生存条件也十分糟糕，

---

① 陈海燕. 全球化视域下社会主义的理论与实践 [M]. 济南：山东大学出版社，2007：89.

② 陈本善，幸海华. 两种不同经济制度比较论 [M]. 大连：大连出版社，1991：26.

③ 马克思恩格斯选集：第 2 卷 [M]. 北京：人民出版社，2012：227.

④ 中共中央党校国际工人运动史教研室. 国际工人运动史 [M]. 北京：中共中央党校出版社，1988：5.

⑤ 刘美. 当代资本主义经济特征 [M]. 北京：清华大学出版社，1991：236-237.

"越来越降到本阶级的生存条件以下"①。从当时各国的工资水平来看，在英国，仅英格兰"需要救济的贫民在1855年就有85万人，1865年有91万人"；在靠加强剥削工人来增加竞争力的德国，工人的工资特别低，其平均工资在1865年"比美国低77%，比英国低38%，比法国低20%"②；在法国，"自1805—1814年到1852—1858年实际工资指数也由74降至55"③。在这样的情况下，工人阶级的居住环境和饮食状况也十分糟糕。他们不仅居住在"城市中最糟糕的地区的最糟糕的房屋"④内，而且身着破衣烂衫的工人的食物"一般都很坏，往往是几乎不能入口的，在许多场合下，至少是有时候，在量方面也不足，而在最坏的情况下就会饿死人"⑤。

在当时，资本家为了降低劳动力商品的价值，增加剩余价值的生产，一方面减少对劳动力需求，广泛采用和改进机器。其结果是：不仅机器的采用和改进"抢走了工人的饭碗，而且这种改进愈大，工人失业的就愈多"⑥，更多的工人被机器排挤在外。另一方面，他们为了尽可能多地榨取剩余价值，将工人的全家都变成了资本的奴隶，开始广泛地将报酬比男工劳动力低得多的妇女和儿童纳入劳动大军，剥削女工和童工的廉价劳动力，使成年男工被妇女和儿童所排挤。除金属工厂外，18岁以下的少年工人、妇女和儿童在工厂人员中远居优势。在工厂里大量出现的女工和儿童的工资往往很低，他们的工作环境和各项权益也得不到任何的保障。女工们"一星期当中有5天，都是每天24小时中只剩下6小时给她们上下班和睡觉"⑦；同样地，为了生存而不得不日夜劳作的儿童也无法获得真正的教

① 马克思恩格斯选集：第1卷 [M]. 北京：人民出版社，2012：412.
② 刘美. 当代资本主义经济特征 [M]. 北京：清华大学出版社，1991：237.
③ 周验昭，孟宪俊. 资本主义经济 [M]. 西安：陕西人民出版社，1993：203.
④ 马克思恩格斯全集：第2卷 [M]. 北京：人民出版社，1957：306.
⑤ 马克思恩格斯全集：第2卷 [M]. 北京：人民出版社，1957：357.
⑥ 马克思恩格斯全集：第2卷 [M]. 北京：人民出版社，1957：421.
⑦ 马克思恩格斯全集：第23卷 [M]. 北京：人民出版社，1972：442.

育，他们无论是智力上还是精神上的发展都遭到了忽视。

（三）工人阶级的反抗斗争需要科学理论的指导

面对由资产阶级剥削所造成的片面发展状况，工人阶级的反抗意识日益强烈，产生了反抗资产阶级的斗争觉悟。起初，由于工人阶级对资本主义的认识还停留在感性阶段，只是看到了资本主义各种现象之间片面的、外部的联系，却并未意识到自身受奴役和剥削的根源所在。他们认为是机器的大范围推广使用使得自身受到排挤、境况恶化，将自身贫苦的根源归结为机器和厂房。在这种思维的影响和支配下，"工人用暴力来反对使用机器"[①]，把仇恨集中到机器上，他们的反抗主要表现为消极怠工、破坏机器、焚烧厂房和殴打厂主。发生在18世纪末19世纪初于英国各地广泛兴起并波及其他国家的"鲁德运动"，便是当时工人阶级反抗资产阶级的最初形式的典型代表。面对工人阶级的奋起反抗，英国议会于1812年通过法令来对破坏机器的运动进行镇压。但即便如此，也并未熄灭工人阶级反抗的怒火，他们又通过罢工的手段为增加工资、缩短工作时长、改善劳动环境而斗争。当时的工人阶级由于主客观因素的限制，还没能做到"把机器和机器的资本主义应用区别开来"[②]，因而这种相对分散孤立、反对个别工场主的自发运动，在资产阶级的镇压下效力十分有限，并未从根本上使工人阶级的命运得以改变。

在反抗和斗争实践的教育下，工人阶级愈发深刻地意识到真正使他们陷入痛苦和被剥削境况的，其实并不是转动的机器或某一个工场主，而是整个资产阶级和资本主义制度。于是，他们将斗争的矛头指向了与其根本对立的资产阶级，并在不断的斗争过程中日益团结起来，逐渐认识到自身

---

① 马克思恩格斯全集：第 2 卷 [M]. 北京：人民出版社，1957：502.
② 马克思恩格斯全集：第 23 卷 [M]. 北京：人民出版社，1972：469.

的力量，形成了一定的阶级意识。工人们开始将罢工和同盟的方式作为与资产阶级斗争的主要手段，建立起工人俱乐部、工会等团体来领导工人阶级的罢工，展开有组织的经济斗争。日益团结起来的工人阶级引起了资产阶级的恐惧，法国、英国于1791年和1799年相继颁布了禁止结社的法令。然而，日益壮大的工人团体和此起彼伏的罢工斗争并未受到这些法令的限制，在1824年至1825年英国禁止结社的法令被废除后，英国的工人团体仍在持续壮大。逐渐成熟的工人阶级在争取经济利益的斗争实践中逐渐意识到，想要从根本上使自身处境得到切实的改善，还要将经济利益斗争与要求平等政治权利的斗争结合起来。由此，欧洲大陆的英国、法国和德国的工人运动于19世纪30、40年代逐步发展起来，同时，工人组织的纷纷涌现也在一定程度上推动了工人运动的发展。日渐成熟的工人阶级开始作为独立的政治力量登上历史舞台，反对资产阶级的统治并积极争取自身地位，在政治领域为争取政治权利而展开斗争。其中，最具代表性的政治运动是爆发于法国、英国和德国的三次大规模工人起义，即欧洲三大工人运动。

其中，法国里昂工人起义以反对资本主义剥削和压迫为目的，于1831年和1834年先后发生了两次。1830年8月，波旁王朝的封建地主政权被推翻，政权落到了代表金融贵族的大资产阶级的手中，法国由此开启了七月王朝的统治，资本主义在法国迅速发展起来。位于法国东南部的里昂在19世纪初期是当时法国的丝织工业中心，丝织工业的发展使里昂的工人阶级队伍迅速壮大。丝织工人及手工业者在当时由于受到资产阶级工场主和包买商的层层剥削，劳动条件恶劣、生活状况堪忧，且毫无经济和政治权利可言。他们的工资"1830年只相当于1824年的二分之一，而生活费却在不断上涨"[1]；"有些帮工，劳累一年才能挣到四百五十法郎，可是吃饭、

---

① 石俊田. 科学社会主义理论与实践实例教材 [M]. 沈阳：东北大学出版社，2003：19.

灯油、房租和捐税却要五百五十法郎"①。于是，1831年初，不满的工人们提出了提高工资、制定合理工资标准的要求，举行游行、集会，发动了第一次起义，最终于同年10月与包买商代表达成了最低工资协议。然而，这一协议却并未得到七月王朝政府的承认，政府站在资产阶级的立场上拒绝批准新的工资协议，于是包买商随即将协议撕毁。政府和包买商的上述举动引起了工人们的强烈抗议，同年11月21日，愤怒的里昂纺织工人宣布罢工并进行抗议示威。工人们的抗议示威在遭到政府军警荷枪实弹的镇压后转为自发的武装起义。他们拿起武器、高举战旗、筑起街垒，在三天的英勇战斗后击败政府军并占领了里昂城，取得了暂时性的胜利。然而，由于工人们对政权问题并不是十分明确，还没有能力认识到夺取政权的重要性，缺乏统一的组织领导和明确的政治纲领，起义于12月3日遭到了从巴黎调来的政府军队的镇压而宣告失败。三年后的1834年4月，由于政府无理由地逮捕了里昂工人运动的领袖人物，颁布了禁止工人集会结社的法令，被激怒的里昂丝织工人于4月9日法院开庭审讯被捕工人领袖时再度起义。工人们修筑了街垒，组织了示威集会，希望通过这次规模更大、政治性质更为鲜明的起义，实现增加工资等经济目标和废除君主立宪制、建立共和国的政治目标，并为此与政府军队展开了为期六天的浴血奋战。虽然这次起义最终因力量上的悬殊差距而遭到镇压，以失败告终，但起义得到了巴黎、马赛等城市工人的纷纷响应，极大地推动了法国工人运动的发展，为工人阶级树立了武装斗争的榜样。工人阶级开始逐步从资产阶级革命运动中分离出来，开始意识到自己的阶级本质，并试图摆脱对资产阶级的依附地位，勇敢地向资产阶级提出了政治自由的要求。马克思将发动起义的里昂的工人们称赞为社会主义的战士，里昂工人起义是法国工人走上独立政治运动的开始，其历史意义是不可磨灭的。

---

① 高崧. 马克思主义来源研究论丛：第4辑 [M]. 北京：商务印书馆，1983：343.

英国宪章运动是政治觉悟有了显著提高的工人阶级为争取选举权而发动的全国性政治运动，于19世纪30、40年代在英国爆发。导致这场运动爆发的直接原因是英国1832年的议会改革。在这次改革中，工业资产阶级在工人阶级的支持下使封建贵族在政治上做出了让步，然而，在改革中扮演重要角色的工人阶级却并没有获得相应的选举权利，仍旧处于无权的地位。"在城市里，每年租金不少于10英镑的房东和承租人才能获得选举权"，"绝大多数工人和其他劳动人民得不到选举权"①。感觉受到欺骗的工人阶级决心开展斗争为自己争得政治权利，一批先进的工人和手工业者于1836年6月组织了工人协会，并于次年6月草拟了包括六点要求的请愿书——《人民宪章》，要求国内满21岁的成年男子普遍享有选举权，实现政治制度的彻底民主化，期望通过自身参与国家管理、提高政治地位而实现经济地位的提升。1838年5月，《人民宪章》在以法案形式公布后号召人民签名，这一活动得到了广大工人阶级的支持和响应，声势浩大的宪章运动由此开始并迅速从伦敦席卷全国。工人们自愿签名、举行集会，拥护的工人自愿组成了宪章派。此后，于1839年2月召开的宪章派第一次全国代表大会通过了《人民宪章》中的五点请求，这一请愿书于同年5月被递交议会，然而却在7月遭到了议会的拒绝。工人阶级由此发动了起义，各地群众举行了罢工和游行示威。但很快起义就遭到了政府军队的镇压，至此，第一次宪章运动宣告失败，运动转入低潮。此后，工人们于1840年7月成立了与资产阶级政党相对立的全国性组织——全国宪章派协会，并于1842年4月和1848年4月两次召开代表大会。工人们向议会递交了请愿书，举行了两次大规模的请愿，要求把《人民宪章》定为法律，还在先前政治要求的基础上提出了涉及工人切身利益的经济要求。然而，这两份请愿书

---

① 中共中央党校国际工人运动史教研室. 国际工人运动史 [M]. 北京：中共中央党校出版社，1988：22.

也无一被议会通过，席卷全国的工人大罢工也被政府军队所镇压，工人们的愿望又一次落了空。宪章运动以失败告终，作为世界近代史上首个工人政党雏形的全国宪章派协会也于1858年解散。英国宪章运动是世界上第一次工人阶级独立的全国性政治运动。"英国成千上万的劳动人民卷入了运动。全国到处举行大规模群众集会。"①在统一组织下，工人阶级通过政治活动来实现斗争目的，并在斗争中建立了自己的组织，提出了本阶级的政治要求，第一次作为一个独立的政治力量彰显了自身的历史作用，这一运动具有重大而深远的历史意义。

德国西里西亚纺织工人起义作为德国工人阶级早期的群众性起义，于1844年6月发生在当时德国的纺织业中心和亚麻布产地——西里西亚地区。由于当时的德国仍然处于封建割据状态，封建地主和资产阶级在德国并存，因此工人阶级一方面要向封建地主缴纳纺织税，另一方面还要受到工场主和包办商的层层盘剥，"工人把工场主和包买商称为'榨尽穷人血汗'和'剥掉穷人最后一件衬衣'的吃人野兽"②。在当时，承受着双重压迫的工人阶级处境艰难，尤其是以手工劳动为主的麻织工人，在德国与英国进行商品竞争的情况下工资收入微薄，工作时间延长，生活境遇更加糟糕。于是，在工人们提出的提高工资的要求被工场主无理拒绝后，忍无可忍的工人们于1844年6月4日举行了大规模的起义。他们袭击了企业主的住宅、工厂和仓库，捣毁机器、扔掉现款、烧毁财务契据和账簿，与镇压起义的军警展开了激烈的斗争。虽然这次起义在两天后就被政府调来的军队镇压了下去，但其历史意义却十分深远。德国西里西亚纺织工人起义是德国工人阶级和资产阶级间的第一次公开较量，已经觉醒的工人们将斗争的矛头直接指向了私有制和资本剥削，这次起义极大地推动了德国工人运

---

① 陈汉楚. 社会主义史话 [M]. 沈阳：辽宁人民出版社，1981：83.
② 陈汉楚. 社会主义史话 [M]. 沈阳：辽宁人民出版社，1981：86.

动的发展。

综上所述，欧洲三大工人运动的开展具有重大的历史意义，在世界工人运动的史册上写下了崭新的篇章。工人阶级逐渐觉醒并成长为一支独立的政治力量，开始采取游行示威、武装斗争等形式，为争取本阶级的政治和经济利益而展开英勇斗争，并在反抗资产阶级的自发的革命斗争中总结了许多宝贵经验。但由于此时工人阶级在思想上仍然受到空想社会主义和各种小资产阶级社会主义的影响，对自身的历史使命和获得解放的途径等问题还没有形成科学的认识，缺乏科学理论的指导和统一的领导组织，因而工人阶级反抗资产阶级的革命斗争最终都没能摆脱失败的结局。欧洲三大工人运动的失败从侧面证实了革命政党的领导和科学的革命理论对于工人阶级革命斗争的必要性。"工人阶级要谋求解放，必须有正确的理论作指导"[①]，科学的革命理论成为工人阶级革命斗争的迫切需要。同时，工人阶级革命斗争的宝贵经验也为无产阶级革命理论的创立提供了重要基础，是马克思恩格斯开展理论研究的重要参考材料，进一步推动了马克思主义这一科学的先进革命理论的诞生。

二、马克思人的发展思想的理论来源

随着人类实践领域的延伸和自我意识的发展，人类开始逐渐关注并探究自身世界，产生了关于"人是什么"这一问题的追问，对人的发展方向和发展内容的认识也日益全面而深刻。在马克思主义产生之前，古希腊哲学家、人文主义者、启蒙思想家、空想社会主义者和德国古典哲学家从不同角度展开了对人的发展问题的考察，他们的代表性观点对马克思阐发其人的发展思想具有积极的借鉴意义。

---

① 高崧. 马克思主义来源研究论丛：第 4 辑 [M]. 北京：商务印书馆，1983：355.

（一）古希腊哲学家关于人的发展的思想

古希腊作为欧洲文明的摇篮，是欧洲哲学思想的发源地，灿烂的希腊文化对后世欧洲各国文化的发展产生了巨大影响。古希腊哲学产生于公元前7世纪至公元前6世纪，这一时期的哲学家对与人相关的问题进行了初步探索，开启了思考关于人的存在与发展、人的价值等问题的先河。

"古希腊哲学对人的关注肇始于普罗泰戈拉的'人是万物的尺度'这一著名的哲学命题"①。普罗泰戈拉作为古希腊智者运动的奠基人，著有《论真理与反驳》《论德性》《论神》等作品。"人是万物的尺度"这一命题是他流传下来的一条残简中的内容。虽然他将人看作万物存在的尺度的观点带有一定的主观唯心主义色彩，夸大了个人的主观作用，但这一命题"在当时是针对'神意'说的"，其进步作用不可否认。他对当时宗教迷信和唯心主义将人视为神的从属物的观点提出质疑，否认人的知识和美德来源于神的恩赐，提高人的地位。结合留传下来的普罗泰戈拉第三条残简上的内容——"至于神，我既不知道他们是否存在，也不知道他们像什么东西"②，他对神的怀疑态度便更加清晰地呈现在世人面前。普罗泰戈拉的观点在当时具有一定的进步作用，肯定了人在社会舞台上的中心地位，强调人是评价事物的尺度，约束着人的道德、法律、宗教和政体都要受到来自于人的制约，充分体现了人类自我意识的觉醒。"人是万物的尺度"这一命题的提出，不仅否定了将神作为万物尺度的传统认知，表达了人渴望确立自身主体地位、自主把握命运并追求自身发展的强烈愿望，还标志着古希腊哲学的研究中心和研究方向发生了转变，即关于社会和人的问题逐渐取代自然成为此后哲学研究的主要对象。

---

① 蔡志军. 论马克思哲学的超越维度 [M]. 天津：天津人民出版社，2015：29.
② 全增嘏. 西方哲学史：上册 [M]. 上海：上海人民出版社，1983：115.

　　苏格拉底作为希腊哲学发展历程中的关键性人物，十分关注伦理学问题，重视对人类认识和道德问题的研究，与以普罗泰戈拉为代表的智者学派一同扭转了早期希腊哲学以自然为主要研究对象的倾向。苏格拉底认为"美德就是知识"[①]，他将二者等同起来、合二为一，强调美德是关于善的概念的认知，一个人认识自己关键是要认识自己的灵魂，知识是道德行为的基础。以此为基础，苏格拉底阐发了他关于人类认识和道德的观点。他认为善出于知，一个人有了知识才能够真正理解善的概念，做出善的行为。关于知识的获得途径，苏格拉底肯定了求知过程中教育的作用，提出"假定了美德就是知识，则无可怀疑地美德是由教育来的"[②]。他认为知识是可教的，人们对知识的理解和掌握离不开教育，教育在人的发展过程中扮演着重要的角色。哲学家和教师可以像"助产士"一样，通过引导和启发帮助人们获得知识、认识自己，实现理性与道德的统一。

　　作为苏格拉底的学生，柏拉图将社会分工与人的发展问题相联系，十分关注社会分工对人的发展的影响，并在其著作《理想国》中以苏格拉底和学生对话的形式对这一问题进行了论述。柏拉图认为，分工起源于人们需求的多样性和才能的片面性。在他看来，每个人所具有的不同天赋和才能在一定程度上对其所从事的工作类型具有决定作用，"不同的禀赋应该有不同的职业"[③]。但由于每个人天生只有某些方面的才能，无法满足自身全部的需要，于是分工作为一种重要的经济现象便推动了交换、市场和城邦的形成，是构成城邦的重要基础。以分工理论为依据，柏拉图根据人们之间的天然差异，将城邦公民分为三个等级，分别是管理国家的统治者、保卫国家的辅助者和从事生产劳作的生产者，即哲学家、军人、农民

---

　　① 北京大学哲学系外国哲学史教研室. 古希腊罗马哲学 [M]. 北京：商务印书馆，1961：164.

　　② 北京大学哲学系外国哲学史教研室. 古希腊罗马哲学 [M]. 北京：商务印书馆，1961：166.

　　③ [古希腊] 柏拉图. 理想国 [M]. 郭斌和，张竹明，译. 北京：商务印书馆，1986：184.

及其他技工。在他看来，这三个等级之间界限分明，具有固定性，各个等级的人应依据正义原则各得其所、各尽其责，共同维护城邦的平稳和安定。柏拉图强调"一个人单搞一种手艺好"①，分工能够有效地促进劳动生产率的提高和人的能力的发展。合理的分工能够使人们只做适合他本性的事情，并且能够专注于自己所擅长的一件事或一种技艺，充分发挥其某一方面的天赋和才能。

作为在欧洲哲学史上具有重大影响力的哲学家，亚里士多德学识渊博，在逻辑学、自然科学、心理学、哲学、政治学等领域都进行过研究探索。亚里士多德同样关注人的发展问题，坚持从个人与社会的关系中对人进行考察。他提出"人天生是政治的动物"，"总是处在一定的家庭、部落、国家之中"②。在这里，亚里士多德所谓的"人"专指城邦的公民，"政治"是城邦政治，即城邦公民对公共事务的共同决定。在他看来，城邦的兴起意味着每一位公民都可以参与国家的管理和统治，都隶属于自己的生活和共同体的生活。公民通过积极参与讨论立法与司法、表决、执行等城邦的政治生活，在国家中充分发展自己的才能，实现自己的价值，过上优良的生活。亚里士多德充分肯定人的社会性，将人放在一定的社会关系之中来考察，认为人们的起居食饮都与城邦密切相关，人生存的目的就是社会生活。国家是为了全体公民的福利而组织起来的，将人培养为良好的公民是社会与国家的目的，"城邦的政治过程乃是最适当地落实与发展人性的领域"③。

从总体上看，虽然古希腊哲学家关于人的发展的思想仍不可避免地具有一定的历史局限性，当时哲学家们所探讨的"人"指的还是不包括奴隶和异邦人在内的奴隶主贵族。然而，我们也应该看到，古希腊哲学家对

①[古希腊]柏拉图. 理想国[M]. 郭斌和，张竹明，译. 北京：商务印书馆，1986：59.
②全增嘏. 西方哲学史：上册[M]. 上海：上海人民出版社，1983：210.
③于海. 西方社会思想史（第3版）[M]. 上海：复旦大学出版社，2010：31.

人的发展问题的思考依旧具有不可磨灭的重要价值，为日后马克思恩格斯思考人的发展问题带来了积极的影响。正如恩格斯在《自然辩证法》中所说，"在希腊哲学的多种多样的形式中，几乎可以发现以后的所有看法的胚胎、萌芽"[1]。

（二）人文主义者和启蒙思想家关于人的发展的思想

随着公元5世纪末西罗马帝国的灭亡，西欧进入了中世纪时期。在当时，有着强大政治经济势力的基督教会支配着思想文化领域，基督教神学作为封建统治阶级的工具具有无上的权威。神学家们从人与上帝的关系出发阐述与人相关的问题，虚构了一个理想的彼岸世界，论证上帝的至高无上地位，告诫世人要放弃对现世生活的追求。人以"上帝仆人"的形象存在，丧失了应有的尊严和独立的人格，处于被上帝奴役的卑贱地位，人在尘世存在的合法性、人的真正价值和现实发展的可能性都遭到了基督教神学的否定。14世纪下半叶，西欧封建社会逐步走向瓦解，资本主义生产关系在意大利的佛罗伦萨、威尼斯等城市出现，资本主义的工场手工业生产也于15世纪中叶开始在德国、英国、法国等地发展起来。随着社会生产力的发展，日益壮大的新兴资产阶级不满被教会控制精神世界，借助古希腊、古罗马文化发起了弘扬资产阶级思想文化的文艺复兴运动，将对封建制度的批判寓于对宗教神学的批判之中。在文艺复兴运动中，以但丁·阿利吉耶里、乔万尼·薄伽丘、洛伦佐·瓦拉等为代表的人文主义者明确反对中世纪宗教神学对人性的压抑，把个性的独立自由确立为社会的最高原则，要求将人从宗教神学的束缚中解脱出来，实现个人自由和个性解放。他们强调人的现世生活、人的尊严和人的价值，站在全新的立场上阐发了对人的发展问题的认识。

---

① 马克思恩格斯选集：第3卷 [M]. 北京：人民出版社，2012：877.

其中，但丁作为意大利文艺复兴的先驱者，被恩格斯称为"新时代的最初一位诗人"[1]。在其文学作品《新生》《神曲》及代表作《论世界帝国》中，但丁表达了自己的人文主义思想。他将人置于神之上，认为人是高贵的，人的高贵源于其个人的品质、天赋的理性和自由意志，人可以通过自己的行动和判断能力获得自由。他激励资产阶级通过提高自己、解放自己的行动能力来争取政治自由，解除封建束缚，提出"人间的现实的尘世生活才有真实的价值"，"人类社会应充分发挥每个人的潜在的全部才能，发挥出个性的所长"[2]。此外，在《论世界帝国》的第一卷中，但丁还从人的需要和发展角度出发论述建立帝国和君主集权的国家，明确提出统一的、中央集权的帝国的建立之于人的发展的关键作用。他强调只有建立统一的、中央集权的帝国，才能保证人们的智力得到全面的发展，保证其在一切学科和艺术方面有所作为，真正过上幸福的生活。

薄伽丘作为人文主义的重要代表，在其代表作《十日谈》中对教会的腐朽制度和僧侣的伪善行为进行了深刻的批判。他通过《十日谈》中的故事揭露了罗马教廷的丑恶行径，以及教士们表面奉行禁欲主义，实则唯利是图、荒淫无耻的丑恶面目，表达了关于人的发展目标的观点。薄伽丘认为人们应该运用自己的智慧来选择信仰，提出"人应当是全面发展的人"，"应该是聪明的、灵活的，强壮的，受过教育的"，无论男人还是女人都"应该全面地发展他们的能力"[3]。借由对全面发展的人的追求，薄伽丘提出了实现人与人之间平等的要求。他反对禁欲主义对人个性的扼杀，认为"渴望与追寻人生快乐、幸福、情欲等，都是人的自然本性或本能，实现人的物质欲求和趋乐避苦的本能，也就是实现人的本性"[4]。他

---

① 马克思恩格斯选集：第 1 卷 [M]. 北京：人民出版社，2012：397.

② 刘丹忱. 文艺复兴时代著名政治思想家及其代表作 [M]. 北京：中国青年出版社，2015：17.

③ 全增嘏. 西方哲学史：上册 [M]. 上海：上海人民出版社，1983：361-362.

④ 王初华. 西方文明简史 [M]. 北京：煤炭工业出版社，2016：110.

在作品中赞赏商人和手工业者的聪明机智，歌颂男女青年之间的爱情，强调人的价值和尊严，发出了"我们人类是天生平等的，只有品德的高低才是区分人类的标准"①的呼声。薄伽丘从全面发展的人引申出对政治平等的要求，针对男子可以任意性爱，但若修女不贞就要处以重刑的不平等法律提出抗议，反对男人对女人的奴役和封建婚姻对妇女的迫害，揭露门第婚姻的不合理和封建道德的虚伪，充分表达了文艺复兴时期人们渴望摆脱封建主义和教会桎梏、寻求自身解放和发展的强烈愿望。

为了摆脱宗教神学对人现实发展的可能性的否定，人文主义者十分关注人的意志自由和个性发展自由，意大利历史学家洛伦佐·瓦拉和哲学家乔瓦尼·皮科·德拉·米兰多拉便是其中的典型代表。瓦拉反对教会的禁欲主义，强调个人的自由意志。他认为上帝虽然能够预见人在非强制情况下的自愿行为，在一定程度上规定事物发展的可能性，但是上帝的预知和控制并不能阻碍人的自由意志的存在及发展。"上帝可以预见人的行为这一点并不就是说人完全没有意志的自由。"②他强调上帝的预知和控制与人的自由意志并非相互矛盾，事实上人有自由并且应该为自己的行为负责。同瓦拉一样，皮科也十分关注人的意志自由和个性发展自由。他在其长篇演讲稿《论人的尊严》中利用上帝的旨意来颁布人的尊严和能力，"把人的自由摆在人的共性之上，赞颂人是自由的创造物，具有认识并能管理一切存在物的能力"③。皮科强调人的自由选择对人的命运的决定作用，认为由于上帝在创造人时将人放在了没有约束和限制的地位上，赋予人以自由意志，因而人是万能的，有自身的尊严和价值，可以按照自己的意志自由地进行选择。而且因为人具有选择和行动的自由，所以人完全可以凭借自己的自由意志来决定自己本性的界限，并通过后天的道德自律和

---

① 全增嘏. 西方哲学史：上册 [M]. 上海：上海人民出版社，1983：362.
② 全增嘏. 西方哲学史：上册 [M]. 上海：上海人民出版社，1983：363.
③ 郑军. 文艺复兴时代杰出哲学家及其代表作 [M]. 北京：中国青年出版社，2015：161.

不断进取拥有完善的人格，按照个人意愿和尊严塑造自己，决定自己的存在、发展和命运。

此外，为了摆脱宗教神学对人感性欲求的压抑，荷兰文学家爱拉斯谟提出人生的目的首先在寻欢作乐，主张满足和发展个人的感性欲求。在其代表作《愚神颂》中，爱拉斯谟批判天主教会束缚人的思想以及以军事力量压迫人的行为，深刻地揭露了教会人士禁欲主义的虚伪面目。他将欢乐的生活与教会僧侣的苦行和伪善相对立，提出人作为自然的产物应该顺应自然本性生活，人的幸福在于现实生活世界，人生的目的就是顺应自然本性的寻欢作乐，"最愉快的生活就是毫无节制的生活"①。

正如恩格斯在《自然辩证法》中所形容的那样，文艺复兴时期是一个需要"在多才多艺和学识渊博方面的巨人"的时代，同时也是产生了这样的巨人的时代。在文艺复兴这场"人类以往从来没有经历过的一次最伟大的、进步的变革"②中，人文主义者作为新兴资产阶级的代言人，肯定了人的主体地位、人的价值、尊严和人发展的现实可能性，打破了中世纪宗教神学在精神上对人的控制，动摇了西方神学世界观的基础，使中世纪人的发展被神的全智全能的发展所取代的状况得到了改变。"文艺复兴以来的人文主义者对人的发展问题的积极探索"，为马克思阐发其人的发展思想"准备了丰富而有益的理论来源"③。

文艺复兴运动后，英国于18世纪上半叶率先完成了资产阶级革命，而此时的法国却依旧还是一个典型的封建君主专制国家，其"政权就其组织而言是贵族政权"。具体而言，在法国，由教士组成的第一等级和由贵族组成的第二等级是特权等级，享有政治和经济上的特权，虽"仅占总人

---

① 北京大学西语系资料组. 从文艺复兴到十九世纪资产阶级文学家艺术家有关人道主义人性论言论选辑 [M]. 北京：商务印书馆，1971：29.
② 马克思恩格斯选集：第3卷 [M]. 北京：人民出版社，2012：847.
③ 庞世伟. 论"完整的人"——马克思人学生成论研究 [M]. 北京：中央编译出版社，2009：6.

口的2%"，但却"拥有约35%的土地"①，沉重的税收负担完全落在了由
农民、城市商人和工匠组成的第三等级肩上。当时，随着第三等级与第
一、二等级之间矛盾的日益激化，以及资本主义生产方式的飞速发展，经
济上富有起来的资产阶级对旧政权的不满情绪与日俱增，渴望获得更多的
政治权利和社会声望。此时的法国正处于资产阶级革命的前夜，与之相适
应，法国在思想领域展开了反对封建专制统治和教会思想束缚的思想启蒙
运动。以伏尔泰、查理·路易·孟德斯鸠和让-雅克·卢梭为代表的启蒙
运动思想家高举理性的旗帜，纷纷著书立说以批判封建专制制度和宗教神
学，宣传自由、平等、民主的人文主义精神，形成了许多关于人的发展的
思想。从总体上看，启蒙运动的开展为法国的资产阶级革命作了充分的舆
论准备，当时思想家们关于人和人的发展问题的论述也为马克思恩格斯思
考人的发展问题提供了新的思路。

其中，伏尔泰作为法国启蒙运动的倡导者和早期领袖，最先在法国宣
传牛顿和洛克的先进思想。他称赞英国的资产阶级民主、自由和平等，反对
封建专制制度和等级特权，批判宗教裁判所和裁判官剥夺人们财产和思想
的行为，强调自由平等、天赋人权。伏尔泰认为，自然法是自然赋予人类
的法律，也是关于正义的观念，具有普遍有效性，一切等级制度和封建特权
都违反了自然法的原则。他从自然法的观点出发抨击了法国第一、第二等级
的特权，提出了自由平等的思想，阐述了平等和自由对于人的发展的重要意
义。伏尔泰认为人人都应当享有法律上的平等，即公民权利上的平等，提出
"凡是具有天然能力的人显然都是平等的"；"所有人在其心底都有权认为
自己与其他人完全平等"②。伏尔泰这一思想具有鲜明的阶级性，他在强调
法律上平等的同时并不主张经济上和财产上的平等。他认为社会财产的不平

---

①[美]斯塔夫里阿诺斯.全球通史：从史前史到21世纪[M].吴象婴，等，译.北京：
北京大学出版社，2013：524.
②张秀章，解灵芝.伏尔泰思想录[M].长春：吉林人民出版社，2003：160-162.

等并没有什么不合理之处，以自由和私有财产为基础的社会才是最平等的社会；相反，财产平等并不利于社会的稳定，当人们超越法律面前人人平等的原则，去追求财产上的平等时，平等便变成了荒谬的事。伏尔泰反对封建制度对人的自由的扼杀，认为自由是崇高的、天赋的权利，是"个人按照自己的意志行事的权利"①。他将其视为人类最宝贵的财产，直言"自由与爱人是我的第二条生命"②，强调包括人们的人身自由、财产自由、信仰自由、言论自由和出版自由在内的自然权利是不可剥夺的，并将自由与法律联系起来，把这些方面的自由看作是人权的真正保障。

孟德斯鸠是18世纪资产阶级法学理论的重要奠基人，基于对法的理解，他提出了自己的自由平等思想，阐明了自由、平等对人的发展的重要作用。在1748年发表的《论法的精神》一书中，孟德斯鸠提出"最广泛意义上的法是源自事物本质的必然关系"③，世间万物都有各自的法。以对法的理解为基础，他阐述了自己的自由观。孟德斯鸠认为，"人类作为一种物质存在，像其他物体一样受不变法则的支配"④。他具体阐明了人在社会中应该享有人身自由、宗教信仰自由、言论自由、出版自由和财产自由等社会权利，强调享有自由与遵守法律是相辅相成的，要用法律来保证自由，自由是做法律所允许的事情的权利。只有这样，人们才会拥有一种心境平安的状态，从而真正实现政治自由。基于上述观点，孟德斯鸠主张人生而平等，平等是在法律面前的人和人之间政治身份的平等。因此，他强烈反对封建专制制度将政治权力全部集中在一人手中，剥夺人的自由权利，强调要以权力约束权力，提出了三权分立的理论。孟德斯鸠主张建立

---

① 张秀章，解灵芝. 伏尔泰思想录 [M]. 长春：吉林人民出版社，2003：165.
② 陆珊年，徐兰. 伏尔泰名言录 [M]. 北京：中国少年儿童出版社，2003：21.
③ [法] 孟德斯鸠. 论法的精神 上 [M]. 祝晓辉，等，译. 北京：北京理工大学出版社，2018：3.
④ [法] 孟德斯鸠. 论法的精神 上 [M]. 祝晓辉，等，译. 北京：北京理工大学出版社，2018：6.

资产阶级民主政府，分别由议会、君主和人民选举出来的法官来独立行使立法权、行政权和司法权，各权力机关之间相互联系、相互制约，通过分权制衡的原则来保障资产阶级的政治自由和平等权利。

卢梭作为法国启蒙运动中杰出的思想家和教育家，十分关注人的自由、平等的实现和教育对于人的发展的重要作用。一是卢梭认为人是"他所居住的地球上的主宰"①，自由和平等是人的天赋权利。他在《论人类不平等的起源和基础》中将自由比喻为"美味的固体食物或者甘醇的葡萄酒"②，强调自由是人区别于一切动物的主要特点和重要标志；他在《社会契约论》中提出通过社会契约建立新的社会制度来代替封建专制制度，从而更好地保证人们的自由和平等。二是卢梭还从他的自然哲学观点出发，在其著作《爱弥儿——论教育》中高度评价了教育在人的发展中的作用，强调人身心的自由发展。在他看来，自然主义教育的目标在于培养"尽可能地自食其力""注重实行""不盲从别人的意见"③的人。卢梭将儿童的发展进程划分为包括婴儿期、儿童期、少年期、青年期在内的四个阶段，并根据各阶段特点提出了不同的教育任务。他主张"每个人的心灵有它自己的形式，必须按照它的形式去指导他"④。"儿童时期自有儿童时期的观察、思考和感觉的方法"⑤，因此，教育者要注重了解儿童身心发展的特点，尊重儿童的天性和自由，按照儿童的自然本性进行教育。具体而言，一方面，教育者要关爱儿童的身心成长，顺应儿童身心自然发

---

① [法] 卢梭. 爱弥儿——论教育：下卷 [M]. 李平沤，译. 北京：商务印书馆，1978：396.

② [法] 卢梭. 论人类不平等的起源和基础 [M]. 邓冰艳，译. 杭州：浙江文艺出版社，2015：3.

③ [法] 卢梭. 爱弥儿——论教育：上卷 [M]. 李平沤，译. 北京：商务印书馆，1978：139.

④ [法] 卢梭. 爱弥儿——论教育：上卷 [M]. 李平沤，译. 北京：商务印书馆，1978：97.

⑤ [法] 卢梭. 爱弥儿——论教育：上卷 [M]. 李平沤，译. 北京：商务印书馆，1978：54.

展的特点和顺序进行教育，不能让教育超越儿童身心发展的实际水平。另一方面，教育者还应将自由原则应用于儿童教育，在教育过程中不过多地干预儿童的行为，而是要调动他们主动学习的积极性，让儿童按照个人特点和需求自由地安排自己的学习。卢梭上述的教育思想中包含着对教育在人的发展中的作用这一问题的关注，极大地丰富和发展了当时的教育理论，在西方教育发展史上具有重要的地位。

（三）空想社会主义者关于人的发展的思想

18世纪末至19世纪初，随着工业革命的持续深入和资产阶级革命的胜利，资本主义社会的生产力得到了长足发展。然而与此同时，资本主义社会内部固有的矛盾逐渐暴露，资产阶级和无产阶级之间的矛盾越发尖锐，人的畸形发展状况日益严重。在这种情况下，怀有不满情绪的人们纷纷开始着手寻找改造现存社会、建立理想社会的方法，对未来社会展开了构想。于是，反映着早期无产阶级愿望的空想社会主义登上了历史舞台，开创了探索社会主义理想社会的先河。空想社会主义者在汲取以往空想家优秀思想成果的基础上，从理论上对资本主义制度展开了批判，提出了通过完善社会制度促进人的全面发展的设想。

其中，克劳德·昂利·圣西门认为，资本主义制度虽然比古代奴隶制度和封建专制制度更具有进步意义，但却依然是不合理、不完善的社会制度。他针对资本主义的剥削制度和当时的法国资产阶级政权展开了尖锐批判。在他看来，被利己主义所支配的资本主义社会存在着严重的阶级对立和经济上的无政府状态，束缚了人的全面发展。因此，圣西门主张用实业制度来代替资本主义制度，提出了建设新社会的方案。从他的实业制度构想出发，圣西门提出了关于人的发展的思想。他提出在实业制度下，为人民利益而工作的国家公职人员与人民是平等的，包括工厂主、工人、农民、商人和银行家在内的实业家与包括科学家、艺术家、思想家在内的学者掌握着国家权力，国家的最高权力机关由实业家代表组成的最高行政委员会和优秀学者组成的最高科学委员会构成。同时，为了更好地保证每个社会成员获得最大限度的自由、平等和充分的发展，圣西门强调在实业制度下，一是要建立财产公有制，通过所有制方面的革命使无产者拥有财产并能够管理财产。二是他提出要在全社会范围内实行普遍劳动的原则，使社会上没有不劳而获之人。人人都要参加劳动，通过自己的劳动去创造生活、发展自身，为社会做出贡献。三是圣西门还强调人的社会地位取决于他的社会才能，要在分工的基础上按照协作的共同目的来有计划地组织生产活动，使每个成员按照才能和贡献的多少获得相应的福利和收入。

夏尔·傅立叶在考察社会运动规律的基础上，将社会历史发展进程划分为几个阶段。其中，文明制度包括奴隶制度、封建制度和资本主义制度。他对资本主义制度的种种弊端进行了全面深刻的批判，揭露了资本主义剥削所造成的贫富差距和雇佣制度对工人的压榨。在此基础上，傅立叶主张建立比资本主义制度更为合理、高级的社会制度——和谐制度，以解决资本主义分工所造成的人的畸形发展问题。他将生产劳动视为推动人的发展的重要手段，充分肯定了生产劳动的教育意义。在傅立叶所设计的和谐社会中，一种名为"法郎吉"的生产消费合作社是该社会的基层组织。"法郎吉"中的劳动包括工业、农业、商业、教育、科学、艺术和家务，成员们可以依据个人兴趣和性格组成小组自觉自愿地进行劳动，劳动产品按照资本、劳动和才能进行分配。而且，从烦琐的家庭事务中解放出来的妇女，也可以和男子一样平等地参加劳动，全体居民都共同居住在"法郎吉"内环境优美的公共大厦中，过着幸福而又安乐的生活。此外，傅立叶还将人的全面发展作为教育目的，重视教育对人的发展的关键作用。他提出"协作教育的目的在于实现体力和智力的全面发展"[①]，摆脱文明制度

---

①[法] 傅立叶. 傅立叶选集：第 2 卷 [M]. 赵俊欣，译. 北京：商务印书馆，1982：2.

下的教育对儿童才能的压制和歪曲。傅立叶强调"从摇篮时期起就大胆地发展天赋"[①]，将教育分为四个阶段和一个序曲。他主张通过教育与生产劳动相结合来培养全面发展的人，提出"劳动和科学永远是结合在一起的"[②]，鼓励孩子们在各个教育阶段参加各种生产劳动以及农业、工业、科学和艺术活动，在活动过程中学习科学文化知识。

罗伯特·欧文不仅亲身参加过英国产业革命，领导了英国初期的工人运动，还积极规划并多次试验了他改革社会的具体设想，先后成立了新和谐公社、全国劳动产品公平交换市场和全国生产部门大联盟。虽然他的尝试最终都以失败告终，但却为他批判资本主义制度、阐发关于未来社会制度的思想积累了丰富的实践经验。欧文对资本主义生产资料私有制进行了深刻的批判，揭露了资本家和工人之间利益的根本对立。他提出，私有财产或私有制"是人们所犯的无数罪行和所遭的无数灾祸的原因"，"可使它的持有人变成无知的利己主义者"[③]，造成人们之间的思想隔阂和战争的发生。为了改善资本主义生产资料私有制给人们带来的不幸和灾难，欧文主张废除私有制，将以生产资料公有制为基础的共产主义社会作为未来理想的社会制度。在他的理想社会中，实行集体生产和义务劳动的劳动公社是基层单位。全体成员共同劳动并共同享有财产，在公有制下，阶级、特权、剥削、压迫以及贫富差距都将不复存在。欧文将劳动公社中的成员按照年龄和经验分为九组，使每一组的成员都能够从事最适合其本性的工作以满足公社成员的物质和精神生活需要，致力于"培养体、智、德全面发展的有理性的人"[④]。在他设想的劳动公社中，全体成员从出生起就受到科学、生产和品德等方面的教育，成员们在全面发展的前提下自己管理

---

①[法]傅立叶. 傅立叶选集：第2卷[M]. 赵俊欣，译. 北京：商务印书馆，1982：6.
②[法]傅立叶. 傅立叶选集：第2卷[M]. 赵俊欣，译. 北京：商务印书馆，1982：42.
③[英]欧文. 欧文选集：下卷[M]. 何光来，秦果显，译. 北京：商务印书馆，1965：13.
④桑玉成. 马克思主义基础理论[M]. 上海：复旦大学出版社，2005：203.

一切社会事务，并通过参与生产劳动和社会管理进一步实现自身的全面发展。对于欧文的上述观点，马克思恩格斯也给予了很高的评价，强调"正如我们在罗伯特·欧文那里可以详细看到的那样，从工厂制度中萌发出了未来教育的幼芽"，这种将"生产劳动同智育和体育相结合"的"未来教育"，是"造就全面发展的人的唯一方法"①。

从总体上看，上述空想社会主义者由于历史条件的限制和自身认识的局限，没有看到无产阶级的历史主动性和实现无产阶级解放的物质条件，没能发现通往人的自由而全面的发展的道路，因而导致其思想具有一定的空想性质。但他们关于改革现存的社会制度、谋求人的全面发展的思想依然具有借鉴价值，为马克思恩格斯创立科学社会主义、全面阐释人的发展思想提供了宝贵的思想资料。"马克思关于人的自由而全面发展的核心理念是在继承和批判空想社会主义的思想基础上发展而来的。"②

（四）德国古典哲学家关于人的发展的思想

作为18世纪末19世纪初德国新兴资产阶级反对封建专制的进步哲学，德国古典哲学反映了当时德国的革命形势和德国资产阶级的革命要求，是对自文艺复兴以来西方近代哲学的系统总结和发展。德国古典哲学在西方哲学发展进程中占有非常重要的地位，给马克思主义哲学和现当代西方哲学带来了极为深刻和广泛的影响。以伊曼努尔·康德、格奥尔格·威廉·弗里德里希·黑格尔和路德维希·安德列斯·费尔巴哈为代表的德国古典哲学家对人的理性、自由、天赋权利及人的发展问题的阐释，构成了马克思主义哲学直接的理论来源。

其中，康德作为德国古典哲学的创始人，延续了文艺复兴时期的人文

---

① 马克思恩格斯选集：第 3 卷 [M]. 北京：人民出版社，2012：710.
② 李杰. 马克思开辟的人学道路及其当代价值 [M]. 北京：人民出版社，2012：77.

主义精神，尊重并承认人的价值、人的尊严和人的发展的可能性，将人作为其哲学理论体系的归宿。他把人看作理性的动物或理性存在物，强调理性在人的发展过程中的重要作用。在《道德形而上学基础》一书中，康德从人是理性存在的立场出发，以"人是目的"这一命题对人与动物的根本区别进行了高度概括。他强调人"是作为目的本身而存在的"，要在人的一切行动中"永远把他当做目的看待"①。康德不仅将"人是目的"作为一种普遍有效适用于任何经验条件的先验原理，即其道德律令的三条原理之一，还将其视为"社会的、政治的原则而在人类的社会政治实践活动中起作用"②。一方面，他认为人是一切道德实践活动的目的所在，道德实践活动就是为了使人达到至善的道德境界。另一方面，他还把是否将人当作目的来看待作为评判道德与否的一个标准，从而谴责封建专制制度将人不是当作目的而是当作手段和工具的行为，发出了德国资产阶级的进步呼声。通过"人是目的"这一命题，康德论证了人的尊严来自理性、自由意志与自由精神，"把本是近代资本社会时代的观念意识提升为绝对律令，为现代自由主义提供了最为崇高的理论基础"③。康德的这一经典命题不仅传递出了他对人的自主人格的尊重，还充分肯定了人的自我价值和自我发展，强调人应该发展成为有自由意志和德性的人，启发人们从被奴役的状态中挣脱出来，追求自身的自由、平等和发展。

黑格尔深受法国和德国启蒙运动思想的影响，强调每个人都具有自由平等的权利，要求提高人的尊严。为此他强烈地批判了封建专制制度以及宗教对人的自由的剥夺和对人尊严的践踏，通过抨击作为专制制度精神支柱的基督教来反对封建专制统治，指出宗教"蔑视人类，不让人类改善自

---

①北京大学哲学系外国哲学史教研室. 西方哲学原著选读: 下卷 [M]. 北京: 商务印书馆, 1982: 317.

②张传有. 西方社会思想的历史进程 [M]. 武汉: 武汉大学出版社, 2005: 285.

③李泽厚. 伦理学纲要续篇 [M]. 北京: 生活·读书·新知三联书店, 2017: 68.

己的处境，不让它凭自己的力量完成其自身"①。黑格尔从客观唯心主义出发探讨人的发展问题，他把绝对理念视为世界的本原，认为绝对理念在自身的发展过程中创造出了人，构成了人的本质规定。黑格尔将人看作是绝对理念的外化和表现，认为人可以通过劳动改造自然、满足自身需要，看到了劳动作为绝对理念活动的表现对人的发展的重要作用。他以劳动为基础深刻地阐释了人的本质及发展问题。黑格尔提出，"劳动是一种被遏制的欲望，是一种被阻止的飘逝"②，强调劳动造就了人与动物的本质区别，人是在劳动的过程中使自身得到了发展。他认为在劳动这一普遍的对象性活动中，人们不会如动物一般无限制地放纵自己的自然欲望，而是通过劳动塑造自然质料来创造人的现实存在所需要的物质基础，并在人化自然的过程中教化自己。"在这个塑造过程中，劳动主体超出自身的自然性和特殊性，发展为一种精神性和普遍性的存在。"③而且，为了使人更好地获得自由和发展，黑格尔还强调劳动教育的必要性。他一方面主张通过理论教育培养人的理性思维方式，"使思想灵活敏捷，能从一个观念过渡到另一个观念"④。另一方面，黑格尔还强调通过伦理教育培养人们的职业精神和法律意识，从而实现其劳动技能和职业道德的发展，培养和塑造人的自由精神。

费尔巴哈作为19世纪德国杰出的唯物主义哲学家，从唯物主义出发批判了宗教和黑格尔的唯心主义哲学。他将"人连同作为人的基础的自然"⑤确立为哲学的研究对象，明确地提出了无神论和人本学唯物主义的

---

① 苗力田. 黑格尔通信百封 [M]. 上海：上海人民出版社，1981：43.

② [德] 黑格尔. 精神现象学 [M]. 先刚，译. 北京：人民出版社，2013：125.

③ 吴鹏. 论黑格尔的劳动概念及其困境 [J]. 中南大学学报（社会科学版），2017，23（03）：3-19.

④ [德] 黑格尔. 法哲学原理 [M]. 范扬，张企泰，译. 北京：商务印书馆，1982：210.

⑤ [德] 费尔巴哈. 费尔巴哈哲学著作选集：上卷 [M]. 荣震华，李金山，译. 北京：商务印书馆，1984：184.

基本观点。费尔巴哈主张用资产阶级长期追求的个性解放、意志自由、平等博爱来反对封建专制制度对人的束缚和压迫，"用人与人之间的爱来代替基督教所宣传的基督对人的爱"①，提出"只有一个善，那便是爱"；"只有爱给你解开不死之谜"。②费尔巴哈认为人是意识和存在的统一体，他通过基督教的三位一体揭示出人的本质是理性、意志力和爱的三位一体，提出"一个完善的人，必定具备思维力、意志力和心力"③。其中，理性使人的独立和不依赖成为可能；意志力对理性和爱来说必不可少；爱是人的类本质的核心，是人的精神和肉体相统一的基础。同时，费尔巴哈还将自然视为人存在、发展的前提基础和重要依据，主张人是自然的人、实在的人，以有血有肉的、活生生的人来代替黑格尔思辨哲学中抽象的理性。作为费尔巴哈研究对象的人是生理学或生物学意义上的人，是有生理和心理活动的自然的人。他站在唯物主义角度强调作为自然界发展产物的人是自然界的一部分，经历了一个漫长的发展过程，人的肉体、精神和思维都从自然界中发展出来。

以上古希腊哲学家、人文主义者、启蒙思想家、空想社会主义者和德国古典哲学家从不同角度对人的发展问题的研究探讨，对马克思阐发其人的发展思想具有积极的借鉴意义。虽然这些理论由于当时历史条件和主观因素的限制而具有不可避免的缺陷，存在着一定的抽象性和历史观上的唯心主义，但其依旧具有重要的历史意义。鉴于对上述理论成果积极成分的批判吸收，马克思向创立科学的人的发展理论迈出了关键性的一步。

---

① 全增嘏. 西方哲学史：下册 [M]. 上海：上海人民出版社，1985：349.
②[德]费尔巴哈. 费尔巴哈哲学著作选集：上卷 [M]. 荣震华，李金山，译. 北京：商务印书馆，1984：233.
③[德]费尔巴哈. 费尔巴哈哲学著作选集：下卷 [M]. 荣震华，李金山，译. 北京：商务印书馆，1984：28.

第三章

马克思人的发展思想的发展进程及文本溯源

随着马克思对客观世界本质和人类社会发展规律的探索的不断深入，马克思人的发展思想也经历了一个由萌芽到成熟的发展过程。本章以时间为线索，根据马克思在其代表性文本中阐释的关于人的发展问题的观点，将马克思人的发展思想的发展进程划分为三个时期，力图从整体上勾勒出这一思想从萌芽到成熟的发展脉络，系统梳理马克思人的发展思想的发展进程。

一、萌芽时期：对劳动人民的同情和对人的发展问题的关注

1835年8月至1844年2月正值马克思从少年走向青年的阶段。他在这一时期的主要作品包括其中学毕业论文、博士论文，以及马克思在为《莱茵报》撰稿、担任《德法年鉴》主编期间撰写的几篇文章。在这一系列作品中，马克思已经开始思考和探讨人的发展问题，并在其这一时期的代表性文本中表达了对劳动人民的同情和对人的发展问题的关注，一种关于人的发展的崭新思想开始在他的心中孕育萌芽。

（一）《青年在选择职业时的考虑》：职业选择对青年发展的意义

在启蒙思想、理性主义和人道主义精神的熏陶影响下，马克思对人的发展这一问题的关注从他少年时期就已经开始了。《青年在选择职业时的考虑》作为记述马克思早期思想状况的资料之一，是他在1835年8月中学毕业时写下的一篇德语作文。当时17岁的马克思在文中思考了职业选择在青年人成长发展过程中的重要作用，这篇文章孕育着马克思人的发展思想的萌芽。

第一，马克思在文中肯定了人具有自主进行职业选择的优势，分析了这一选择对青年自身发展所具有的重要意义。他在文章一开始就强调，"使人类和他自己趋于高尚"是人的共同目标，相比于动物只能安分地活动于自然本身给它规定的活动范围，人则可以自主地找寻实现这一目标的手段，充分肯定了人与动物相比所具有的自主选择的优势。在此基础上，马克思提出，人在朝着共同目标发展的过程中，需要在社会中选择一个适合自己的地位，并且这一行为对人自身的发展具有重要意义。他认真地分析了青年的职业选择后果，认为这一选择虽然体现了"人比其他创造物远为优越"，对人的发展具有积极作用；但同时也存在着给人的发展带来消极影响的可能性。因此，马克思强调，为了实现人的共同目标，对于"开始走上生活道路而又不愿在最重要的事情上听天由命"的青年人来说，自主地进行职业选择是他们发展过程中至关重要的一个环节，"认真地权衡这种选择"①是青年的首要责任。

第二，他分析了影响职业选择的几个因素，提出了青年在选择职业时应该遵循的主要指针。马克思认为，人的虚荣心和幻想、体质和能力等都是影响自身职业选择的重要因素。在他看来，一是虚荣心容易使人产生"对某种职业的突然的热情"，在这种情况下，"被名利迷住了心窍的人"便无法被理性所约束，他的职业是由偶然机会和假象来决定的。同时，人的幻想也会将职业美化成"生活所能提供的至高无上的东西"，此时人的理性被感情所欺骗、受幻想所蒙蔽，只能从父母那里获得支持。因此，马克思强调，青年要选择的不是"一个最足以炫耀的职业"②，而是要在冷静考察、充分了解的基础上选择自己能够持续热爱的职业。二是马克思认为由于人在社会上的关系在人"有能力决定它们以前就已经在某种

---

① 马克思恩格斯全集：第1卷 [M]. 北京：人民出版社，1995：455.
② 马克思恩格斯全集：第1卷 [M]. 北京：人民出版社，1995：456.

程度上开始确立了"，因此人"并不总是能够选择我们自认为适合的职业"。具体而言，一方面任何人都不能藐视人的体质的权利，如果人"不顾体弱去努力工作"，就如同"冒险把大厦建筑在残破的废墟上"①。另一方面，如果人"错误地估计了自己的能力"②，"选择了力不胜任的职业，那么我们决不能把它做好"③。因此，马克思认为，人选择了体质不能适应、能力无法胜任的职业，这样做的后果是十分严重的，不仅会使人无法持久、愉快的工作，还会让人在外界的指责下产生自卑这种极为痛苦的感情。他强调青年要选择的是自己体质能够适应、能力能够胜任的职业。三是马克思提出任何职业对于实现人的共同目标来说都只是一种手段，能够使人"获得最高尊严的职业"④往往是最可取的。从事使自己获得尊严的职业意味着人能够"使自己的行为保持高尚"。因此，他强调青年要选择"自己所珍视的"、能够使自己获得尊严的职业。四是马克思将个人的幸福和完美与人类的幸福结合起来加以考虑，他的思想中包含着对人的发展与社会发展关系的思考。马克思强调，"人类的幸福和我们自身的完美"并非"彼此敌对、互相冲突"，成为真正伟大人物的人是"为共同目标工作因而自己变得高尚的人"，而不是一个只为自己劳动的人。由此，马克思鼓励青年人勇于选择"最能为人类而工作的职业"，做"为大多数人带来幸福的人"⑤，充分地表达了他愿为人类而工作的崇高理想。

（二）《博士论文》："定在"中的人的自由发展

1836年10月马克思前往柏林求学，在柏林大学学习的这段时间里，马克思的思想发生了重要的转变。在当时的柏林，黑格尔哲学作为近代哲学

---

① 马克思恩格斯全集：第 1 卷 [M].北京：人民出版社，1995：457.
② 马克思恩格斯全集：第 1 卷 [M].北京：人民出版社，1995：458.
③ 马克思恩格斯全集：第 1 卷 [M].北京：人民出版社，1995：457.
④ 马克思恩格斯全集：第 1 卷 [M].北京：人民出版社，1995：458.
⑤ 马克思恩格斯全集：第 1 卷 [M].北京：人民出版社，1995：459.

唯心主义和辩证法思想的集大成者，在思想领域占据着统治地位。活跃于柏林的青年黑格尔派从资产阶级激进主义立场出发，将黑格尔哲学引入社会领域，试图从黑格尔哲学中引出反对封建专制制度的结论。马克思"从头至尾地阅读黑格尔的著作"，"参加了一个黑格尔派的讨论小组"，"兴趣开始明确地从法律转向哲学"①。他于1837年起接近青年黑格尔派并成为其博士俱乐部的积极成员，并于1839年起开始研究古希腊哲学。此后，马克思围绕包括伊壁鸠鲁主义、斯多葛主义和怀疑主义在内的古希腊晚期哲学的三个派别展开了重点分析和研究，为了取得大学哲学讲师的职位，他开始着手于博士论文的写作。在"青年黑格尔派（尤其是鲍威尔和科本）对亚里士多德之后的希腊哲学共同兴趣"②的影响下，马克思出于论证青年黑格尔派要求个性自由的自我意识哲学和资产阶级民主主义观点的考虑，将自己的博士论文选题确定为《德谟克利特的自然哲学和伊壁鸠鲁的自然哲学的差别》。他在1841年3月完成了这篇论文的写作，作为"马克思的第一部哲学著作"，这篇文章在自我意识哲学的范围内探讨人和社会的问题，"鲜明地表现了马克思对于人的问题的关心"③。

第一，马克思在文中揭示了伊壁鸠鲁原子学说的积极意义，其中包含着对人的自由发展的肯定。在博士论文中，马克思以"原子论"思想为切入点，具体考察了德谟克利特和伊壁鸠鲁在自然哲学上的本质差别，指出两人都承认原子"直线式的下落"和"由于许多原子的互相排斥而引起的"运动，但伊壁鸠鲁将"起因于原子偏离直线"的运动也视为原子在虚空中的运动之一，而且正是这一观点"把伊壁鸠鲁同德谟克利特区别开来

---

① [英]戴维·麦克莱伦. 马克思传(第4版)[M]. 王珍, 译. 北京: 中国人民大学出版社, 2016: 24—27.

② [英]戴维·麦克莱伦. 马克思传(第4版)[M]. 王珍, 译. 北京: 中国人民大学出版社, 2016: 28.

③ 袁贵仁. 马克思主义人学理论研究[M]. 北京: 北京师范大学出版社, 2017: 40.

了"①。在马克思看来，这一观点纠正了德谟克利特的机械决定论，体现了自我意识的自由。对包括布鲁诺·鲍威尔在内的青年黑格尔派而言，"人类自我意识不断发展，认识到它原本认为从它自身分离出去的力量（例如宗教），其实是它自身的创造物"②。马克思将"自我意识的绝对性和自由"③视为伊壁鸠鲁哲学的原则，他认为正是由于"具有抽象的个别性形式的自我意识对其自身来说是绝对的原则"④，因而"一切对于人的意识来说是超验的东西"，"也就全都破灭了"。由此，马克思称赞伊壁鸠鲁是"最伟大的希腊启蒙思想家"⑤，肯定了他从自然角度对个人意志自由和独立性的阐释。在他看来，伊壁鸠鲁强调人类精神的绝对自主性，将人从迷信中解放出来，"使得处于神的蒙昧之时的人类，看到了人自身的尊严"⑥。

　　第二，马克思主张从人同周围环境的密切联系和相互作用中对人进行考察，思考人的自我意识与外在环境之间的关系。在博士论文中，马克思通过借用黑格尔哲学中的"定在"范畴，对人的自由加以规定和限制。他反对抽象地理解自由、将人看作是抽象的个别性的做法，强调人应该在与周围环境的联系中获得自由，人的自由不能脱离社会关系，并明确提出"真正的人的能动性和自由的发挥是一种'定在中的自由'"⑦。马克思的这一观点在一定程度上深化了他在中学毕业论文中关于人的发展与社会发展关系的思考，为他日后进一步发现并揭示两者之间的关系奠定了基础。

---

①马克思恩格斯全集：第1卷 [M]. 北京：人民出版社，1995：30.

②[英]戴维·麦克莱伦. 马克思传（第4版)[M]. 王珍，译. 北京：中国人民大学出版社，2016：30.

③马克思恩格斯全集：第1卷 [M]. 北京：人民出版社，1995：63.

④马克思恩格斯全集：第1卷 [M]. 北京：人民出版社，1995：64.

⑤马克思恩格斯全集：第1卷 [M]. 北京：人民出版社，1995：63.

⑥陈琳. 马克思博士论文中的人学思想解读 [J]. 江汉论坛，2007（04）：64–67.

⑦韩蒙. 马克思人的发展理论及其中国化研究 [D]. 成都：电子科技大学，2016.

（三）《莱茵报》时期：初步认识到物质利益对人的发展的作用

大学毕业后，由于当时政府对青年黑格尔派的排挤和自身激进的政治态度，马克思打算取得大学哲学讲师职位的愿望未能实现。于是他转而从事报刊工作，直接参与现实政治问题和社会经济问题的讨论。马克思从1842年5月开始为《莱茵报》撰稿，在对该报进行了几个月卓有成效的管理后，他于同年10月中旬被任命为该报主编，《莱茵报》在马克思的影响下表现出鲜明的革命民主主义倾向。马克思的《莱茵报》工作时期至1843年3月他辞去主编职务而宣告结束，在这段时间内，马克思积累了丰富的社会政治经验，这些经验为他突破黑格尔唯心主义局限，实现向唯物主义和共产主义的转变奠定了基础。他在这一时期十分关注人的生存状况，发表了多篇关于出版自由和林木盗窃法的政论文章，看到了物质利益因素对人的发展的重要作用。

第一，出版自由问题构成了当时德国社会极为尖锐的矛盾之一。19世纪40年代的德国正处于资产阶级革命的前夜，作为普鲁士新国王的弗里德里希-威廉四世于1841年12月颁布了新的书报检查令。虽然他"同资产阶级一样，憎恨限制性的官僚作风"①，同意资产阶级在新闻和议会中表达观点。然而，威廉四世理想中的家长式的政体与资产阶级争取民主自由的愿望相冲突，新的书报检查令虽披着自由主义的外衣，实际上却仍然扼杀了人们表达意志的自由。以新书报检查令的伪善本质为切入点，马克思完成了《评普鲁士最近的书报检查令》并在文中批判了书报检查令对出版自由的限制，揭露了普鲁士政府这一行为在逻辑上的矛盾，指出"一片灰色就是这种自由所许可的唯一色彩"②。他将批判的锋芒直接指向普鲁士国

---

① [英]戴维·麦克莱伦. 马克思传（第4版）[M]. 王珍，译. 北京：中国人民大学出版社，2016：35.

② 马克思恩格斯全集：第1卷[M]. 北京：人民出版社，1995：111.

家，并在一定程度上触及到了物质利益和政治问题。在马克思看来，书报
检查立法并不是为了保障公民在法律面前的平等地位，而是反动统治者对
人民群众言论自由的压制。此后，《关于新闻出版自由和公布省等级会议
辩论情况的辩论》作为其所写的莱茵地区议会辩论系列文章中的第一篇，
最先在《莱茵报》上发表。马克思在文中进一步从政治角度对新闻出版自
由问题加以阐释。他提出，新闻出版是"个人表达其精神存在的最普遍的
方式"，"它只知道尊重理性"①，然而，现实中新闻出版自由却成为个
别人物的特权。他将新闻出版自由与各社会等级对这一问题的态度结合起
来，看到了莱茵省议会辩论不同等级背后各种利益之间的对立和较量。此
时，马克思开始注意到物质利益因素对新闻出版自由的左右，对社会物质
利益问题的关注给他原有的唯心主义世界观带来了强烈冲击，他开始逐渐
从唯物主义立场对现实社会问题展开分析。马克思态度鲜明地批判了"认
为一切事物在存在时都是不完善的观点"②，指出倘若"一切发展中的事
物都是不完善的"③，人"就其本性而言都是不完善的"不容置辩，那么
根据辩论人为了扼杀新闻出版自由所做出的推论——"如果其中一个领域
由于这种不完善而不应当存在"，便可以推断——"正确的结论似乎是，
把人打死，以便使他摆脱这种不完善状态"。按照这种逻辑，"人根本没
有生存权利"④，书报检查制度实际上便造成了对人的存在和自由发展的
可能性的否定。

　　第二，林木盗窃问题是马克思任《莱茵报》主编后遇到的一系列现
实问题中最为突出的一个问题。针对当时莱茵地区议会为维护地主阶级利
益，将捡拾枯树枝列入盗窃林木范围并予以法律制裁的法案，马克思发表

---

① 马克思恩格斯全集：第 1 卷 [M]．北京：人民出版社，1995：196.
② 马克思恩格斯全集：第 1 卷 [M]．北京：人民出版社，1995：166.
③ 马克思恩格斯全集：第 1 卷 [M]．北京：人民出版社，1995：164.
④ 马克思恩格斯全集：第 1 卷 [M]．北京：人民出版社，1995：165.

了其议会辩论系列文章中的第三篇——《关于林木盗窃法的辩论》。他站在贫苦群众的立场上旗帜鲜明地捍卫其物质利益，将批判的矛头直指普鲁士国家及其法律制度。马克思通过对习惯和特权的分析看到了物质利益对法律的支配作用，提出"贵族的习惯法按其内容来说是同普通法律的形式相对立的"①。马克思将枯枝与树之间的关系比喻为蜕下的蛇皮和蛇，反对将拾枯树枝和盗窃林木混为一谈。他从习惯法的角度来维护贫苦群众的现实物质利益，强调"我们为穷人要求习惯法"②，"特权等级没有权利预示法律"③。此时，马克思逐渐认识到正是物质利益的差别使社会划分为了不同的等级，提出"事物的本质要求独占，因为私有财产的利益想出了这个主意"④，"私人利益把一个人触犯它的行为夸大为这个人的整个为人"⑤。人们之间的等级差异和对私人利益的追逐，不仅支配着人的思想和行动，也在更深层次上影响着人的发展程度和水平。马克思在这一时期已经初步意识到物质利益对人的发展的重要作用，逐步从唯心主义走向唯物主义。此后，他在《摩泽尔记者的辩护》这篇文章中持续关注现实物质利益问题。马克思通过深入考察、分析摩泽尔河沿岸地区农民的经济状况及其贫困原因，看到了在人的意志和行动背后"各种关系的客观本性"，认为"既决定私人的行动，也决定个别行政当局的行动"的关系是存在的，"似乎只有人在起作用的地方看到这些关系在起作用"⑥。他看到了物质利益决定的客观社会关系对国家制度和管理原则的制约作用，揭示了摩泽尔地区农民贫困状况与国家管理机构、管理原则之间的关系。马克思指出，"摩泽尔河沿岸地区的贫困状况不能看作是一种简单

---

① 马克思恩格斯全集：第1卷[M]．北京：人民出版社，1995：249．
② 马克思恩格斯全集：第1卷[M]．北京：人民出版社，1995：248．
③ 马克思恩格斯全集：第1卷[M]．北京：人民出版社，1995：250．
④ 马克思恩格斯全集：第1卷[M]．北京：人民出版社，1995：254．
⑤ 马克思恩格斯全集：第1卷[M]．北京：人民出版社，1995：255．
⑥ 马克思恩格斯全集：第1卷[M]．北京：人民出版社，1995：363．

的状况"，"不能认为摩泽尔河沿岸地区的贫困状况和国家管理机构无关"①。他对社会现实问题和国家问题的理解推动了他向唯物主义的进一步转变，这一转变为马克思人的发展思想的进一步发展奠定了重要基础。

（四）《德法年鉴》时期：寻找人的解放和发展的实现条件

《莱茵报》被查封后，马克思于1843年10月底到达巴黎，与青年黑格尔派分子阿尔诺德·卢格共同筹办了德文刊物《德法年鉴》，试图实现德、法两国学术界的进步力量的联合。在巴黎，他对工人运动和法国无产阶级与资产阶级之间阶级矛盾的考察使他的政治思想及世界观发生了新的变化，对人的问题的认识也比《莱茵报》时期更进了一步。在这期间，马克思在《德法年鉴》上发表了两篇文章，这两篇文章不仅标志着他完成了向唯物主义和共产主义的转变，也"更鲜明地反映出马克思的理论任务和目的，是寻找人的解放和自由全面发展的实现条件"②。

其中，《论犹太人问题》是一篇马克思为批驳青年黑格尔派代表人物布鲁诺·鲍威尔关于犹太人问题和宗教问题的观点而作的文章。当时，在基督教占统治地位的德意志国家中，信仰犹太教的犹太人难以保障自身的政治权利。"自从1816年起，普鲁士的犹太人享有的权利就已经大大低于基督教徒的权利了。"③于是，犹太人争取平等的反抗斗争与当时德国反对封建专制制度的斗争交织在一起，产生了较大的社会影响力，犹太教问题也成为19世纪初期德国社会的热门话题。1843年鲍威尔发表了《犹太人问题》，在文中提出"在德国，没有人在政治上得到解放"④，"犹太

---

① 马克思恩格斯全集：第1卷[M]. 北京：人民出版社，1995：364.
② 韩庆祥. 现实逻辑中的人：马克思的人学理论研究[M]. 北京：北京师范大学出版社，2017：126.
③ [英]戴维·麦克莱伦. 马克思主义以前的马克思[M]. 李兴国，等，译. 北京：社会科学文献出版社，1992：138.
④ 马克思恩格斯全集：第3卷[M]. 北京：人民出版社，2002：163.

人按其本质来看，也不会得到解放"①。此后，他又在《现代犹太人和基督徒获得自由的能力》一文中"把犹太人的解放问题变成了纯粹的宗教问题"②，将犹太人解放等同于宗教解放，要求犹太人放弃犹太教，并将这种要求提升到人的解放的高度。马克思并不认同鲍威尔的上述观点，于1843年10月至12月写下了《论犹太人问题》一文，在文中与鲍威尔展开了公开论战。他指出，"犹太人问题依据犹太人所居住的国家而有不同的表述"③。德国的犹太人渴望的是"公民的解放，政治解放"④，而鲍威尔并"没有探讨政治解放对人的解放的关系"⑤。他反对鲍威尔"把世俗问题化为神学问题"⑥，强调宗教并不是政治压迫的真正原因，"政治解放本身并不就是人的解放"⑦。在他看来，政治革命将市民社会从封建主义下解放出来，政治解放为人的解放创造了前提，但从封建社会向市民社会的转变并没有将人从私有财产中解放出来。人的解放只有"当人认识到自身'固有的力量'是社会力量，并把这种力量组织起来"⑧时才能完成。消灭市民社会中人的生活本身的异化才是人的解放和发展所需要的重要条件，这也是政治解放无法实现之处。马克思关于政治解放和人类解放问题的探讨涉及了社会主义革命思想的相关问题，他强调个人力量与社会力量的统一，将人的解放和发展与社会结合起来，其批判尺度中蕴含着人的解放和发展的强烈诉求。

作为马克思于1844年2月在《德法年鉴》上发表的第二篇文章，《〈黑格尔法哲学批判〉导言》延续并深化了他此前对人的解放和发展问题的探

---

① 马克思恩格斯全集：第3卷 [M]. 北京：人民出版社，2002：164.
② 马克思恩格斯全集：第3卷 [M]. 北京：人民出版社，2002：190.
③ 马克思恩格斯全集：第3卷 [M]. 北京：人民出版社，2002：168.
④ 马克思恩格斯全集：第3卷 [M]. 北京：人民出版社，2002：163.
⑤ 马克思恩格斯全集：第3卷 [M]. 北京：人民出版社，2002：168.
⑥ 马克思恩格斯全集：第3卷 [M]. 北京：人民出版社，2002：169.
⑦ 马克思恩格斯全集：第3卷 [M]. 北京：人民出版社，2002：180.
⑧ 马克思恩格斯全集：第3卷 [M]. 北京：人民出版社，2002：189.

索，阐释了实现人的解放和发展的途径及力量。马克思在文中从唯物主义立场出发揭示了宗教的社会根源和本质，强调是"人创造了宗教"，宗教作为"一种颠倒的世界意识"①，"是人民的鸦片"②。他认为，由于"就德国来说，对宗教的批判基本上已经结束"③，因此批判的重点发生了转移，"对天国的批判变成对尘世的批判"④，并发出了"向德国制度开火"⑤的号召。他明确了对黑格尔法哲学进行批判的现实意义，将其等同于对现代国家和现实的批判。不同于"在犹太人问题上马克思是在费尔巴哈的哲学框架内批评鲍威尔"，《〈黑格尔法哲学批判〉导言》中"则包括了更多的不带感情色彩的历史分析"⑥。马克思通过对比德国和法国的发展现状，强调"在德国，普遍解放是任何部分解放的必要条件"⑦，只有进行彻底的革命才能触及旧制度的基础。在此基础上，他明确了批判资本主义制度、实现人的解放和发展的主体力量，提出德国无产阶级是"人为造成的贫民"⑧，"要求否定私有财产"⑨。"而实现人类解放的途径是通过哲学和无产阶级的结合"⑩，以哲学为精神武器的无产阶级能够将革命理论和实践活动结合起来，发挥出改造世界的强大物质力量，其历史使命就在于为消灭任何奴役而斗争，推动人的解放和发展的实现。这一时期，马克思进一步完成了自身世界观和立场的转变，对人的解放和发展问题做出了唯物辩证的理解。他通过探讨实现人的解放和发展的途径及力量

① 马克思恩格斯选集：第 1 卷 [M]. 北京：人民出版社，2012：1.
② 马克思恩格斯选集：第 1 卷 [M]. 北京：人民出版社，2012：2.
③ 马克思恩格斯选集：第 1 卷 [M]. 北京：人民出版社，2012：1.
④ 马克思恩格斯选集：第 1 卷 [M]. 北京：人民出版社，2012：2.
⑤ 马克思恩格斯选集：第 1 卷 [M]. 北京：人民出版社，2012：4.
⑥ [英] 戴维·麦克莱伦. 马克思主义以前的马克思 [M]. 李兴国，等，译. 北京：社会科学文献出版社，1992：138.
⑦ 马克思恩格斯选集：第 1 卷 [M]. 北京：人民出版社，2012：14.
⑧ 马克思恩格斯选集：第 1 卷 [M]. 北京：人民出版社，2012：15.
⑨ 马克思恩格斯选集：第 1 卷 [M]. 北京：人民出版社，2012：16.
⑩ 王锐生，景天魁. 论马克思关于人的学说 [M]. 沈阳：辽宁人民出版社，1984：140.

深化了对人的解放和发展问题的认识，向唯物史观大大迈进了一步。

二、形成时期：对异化劳动的批判和对人的发展条件的初步研究

由于当时普鲁士政府对新闻报道的压制以及马克思与卢格之间观点分歧的日益增加，第一期双月刊的《德法年鉴》也成了它的最后一期。《德法年鉴》停刊后，马克思在艰难中继续着自己的理论探索。自1844年5月起，他先后完成了《1844年经济学哲学手稿》等作品的创作，逐步发现了唯物史观。马克思的这一伟大发现具有重要的革命意义，为他关于人的发展思想的发展完善奠定了牢固的世界观和历史观基础。这一时期马克思人的发展思想的理论框架已日渐清晰，在他这一时期完成的主要作品中，马克思展开了对异化劳动的批判和对人的发展条件的初步研究，进一步形成了其关于人的发展的思想。

（一）《1844年经济学哲学手稿》：实现人的发展需要消除异化

作为马克思创立唯物史观过程中十分重要的著作之一，《1844年经济学哲学手稿》是马克思在作了大量关于古典经济学、共产主义和黑格尔著作笔记的基础上于1844年4月至8月期间撰写的一部手稿。他从唯物主义和共产主义立场出发，在文中对资本主义经济制度及资产阶级经济学进行了系统研究和深刻剖析，初步提出并论证了其共产主义理论和新的经济学、哲学观点。这部手稿在马克思人的发展思想的发展过程中具有十分重要的意义，尤其是马克思在《异化劳动和私有财产》一节中提出的异化劳动理论，为他科学地揭示人的本质及人的发展问题奠定了重要基础。

第一，马克思在黑格尔和费尔巴哈异化观的影响下着手研究异化问题，将"异化"这一哲学概念引入对经济和社会问题的讨论。异化概念并非马克思的原创，在他之前，"异化"一词已经在卢梭的社会学说、霍布

斯的国家学说、英国古典政治经济学和费希特的哲学中出现过，但对其形成异化思想影响最大的是黑格尔和费尔巴哈的异化理论。黑格尔真正在哲学意义上系统地使用了"异化"这一概念来说明绝对精神能动的创造性活动，在黑格尔看来，异化是作为世界最高原则的绝对精神变化发展的内在依据。绝对精神作为异化主体具有能动性，能够外化为自然界和人类社会并再次回到绝对精神本身，从而完成其辩证发展过程，达到最高的精神境界。异化对黑格尔来说是一个本体论的范畴，具有浓厚的唯心主义色彩，在他看来，整个世界都是绝对精神外化或异化的具体表现形态。对此，费尔巴哈从唯物主义角度对黑格尔的异化思想进行了改造，将异化和人的本质联系起来。他将感性的人视为异化的主体，认为人的本质是理性、意志力和爱的三位一体，由于"人不由自主地通过想象力使自己内在的本质直观化"①，因此在宗教中人将自己的本质异化为一种超现实的力量，丧失了自己的本质。在他看来，为了克服人的本质的异化，把人的本质归还给人，就要揭露宗教的虚伪性和欺骗性，用对人的爱来代替对神的爱。于是，费尔巴哈提倡建立一种爱的宗教，借助宗教的力量来扬弃宗教。正是在批判黑格尔和费尔巴哈异化思想的基础上，马克思对异化概念进行了阐释，在《1844年经济学哲学手稿》中的"异化"是指主体在自身发展过程中产生出与自己相对立的异己的力量，主要内涵包括"互为异己、互相分离、相互独立、相互排斥、相互对立"②。

第二，马克思将异化和劳动结合起来，从异化劳动的角度探讨了资本主义私有制条件下人的发展问题。他在文中明确提出了异化劳动的四个基本规定。具体而言，一是马克思在描述"当前的国民经济的事实"③中

---

① [德] 路德维希·安德列斯·费尔巴哈. 费尔巴哈哲学著作选集：下卷 [M]. 荣震华，李金山，译. 北京：商务印书馆，1984：249.

② 林锋. 重读马克思《1844 年经济学哲学手稿》前沿问题新探 [M]. 北京：中央编译出版社，2018：202.

③ 马克思恩格斯选集：第 1 卷 [M]. 北京：人民出版社，2012：50.

劳动产品和工人之间关系的基础上，发现了劳动产品与工人之间的异化关系。他认为，作为工人生产的对象，劳动产品本应属于工人，却在劳动过程中成为"一种异己的存在物"。并且劳动产品与工人之间的异化就如同宗教的异化一样，"工人生产的对象越多，他能够占有的对象就越少"①。二是马克思指出之所以存在上述异化关系，是因为工人"在生产行为本身中使自己异化"②，并由此提出了其与生产之间的异化关系。他认为，劳动的异化性质主要体现在劳动并非出于自愿，而工人在这种被迫的活动中丧失了自己，甚至于他个人的生命都成了"不依赖于他、不属于他、转过来反对他自身的活动"。三是马克思通过对异化劳动前两个规定的考察，推断出人同自己的类本质相异化的结论。他将人的本质与劳动联系起来，认为劳动是人区别于动物的根本特征，提出"自由的有意识的活动恰恰就是人的类特性"③，人将自己的生命活动作为对象，人的活动是自由的活动。然而，异化劳动却将人自由自主的活动"贬低为手段"，将人的类本质"变成了对人来说是异己的本质"④。四是马克思提出"人同人相异化"是异化劳动前三个规定的必然结果。他将人放在关系中加以考察，认为人是对象性存在物，"只有通过人对他人的关系"⑤，人与自身的关系才能够得以实现和表现。马克思将异化与劳动结合在一起加以研究，描绘了私有制条件下人的片面的、畸形的发展状况，他所提出的异化劳动四个方面的规定构成了他的异化劳动理论，为阐释人的发展问题奠定了基础。

第三，基于对资本主义私有制条件下的异化劳动的详细分析，马克思对私有财产关系和共产主义进行了论证。他强调私有财产作为异化劳动

---

① 马克思恩格斯选集：第 1 卷 [M]．北京：人民出版社，2012：51.
② 马克思恩格斯选集：第 1 卷 [M]．北京：人民出版社，2012：53.
③ 马克思恩格斯选集：第 1 卷 [M]．北京：人民出版社，2012：56.
④ 马克思恩格斯选集：第 1 卷 [M]．北京：人民出版社，2012：57.
⑤ 马克思恩格斯选集：第 1 卷 [M]．北京：人民出版社，2012：58.

的后果，其存在使人与真正的人发生背离。并且"因为工人的解放还包含普遍的人的解放"，所以"通过工人解放这种政治形式"①才能够将人从私有财产的统治下解放出来。在此基础上，马克思对共产主义学说的历史发展进行了考察，形成了自己对于共产主义的理解。他站在人的角度将共产主义理解为"私有财产即人的自我异化的积极的扬弃"②，强调通过现实的共产主义行动能够实现对现实的私有财产的扬弃，将社会从资本主义私有制的统治下解放出来。而异化劳动作为这一特定历史阶段存在的现象也会随着人类社会的发展而逐渐消失，人将会摆脱片面的、畸形的发展状况，在新的历史条件下实现自由而全面的发展。"扬弃异化并复归人性，是马克思追求的人的解放目标"，其中"包含着对人的发展的诉求"③。

（二）《神圣家族》：由抽象的人的发展到现实的人的发展

1844年8月28日，马克思与途经巴黎的恩格斯进行了历史性的会面，拥有相同政治立场和共同理想的两个人在此后结下了深厚的友谊。此时的马克思恩格斯随着思想上逐步转向唯物主义和共产主义，与以布鲁诺·鲍威尔为代表的青年黑格尔派的分歧日益严重。针对鲍威尔等人在其创办的《文学总汇报》上大肆宣扬批判哲学即自我意识哲学的做法，两人准备着手对青年黑格尔派展开深刻的批判。于是，马克思恩格斯于同年9月至11月携手创作了第一部重要哲学著作——《神圣家族》，全面批判了青年黑格尔派的唯心主义思辨哲学，首次对唯物史观进行了比较系统的论述，进一步推动了马克思人的发展思想的形成。

第一，他们对青年黑格尔派"抽象的人"的观念进行了深刻的批判。鲍威尔作为其中的代表性人物继承了黑格尔的绝对精神思想，在其哲学体

---

① 马克思恩格斯全集：第3卷 [M]. 北京：人民出版社，2002：278.
② 马克思恩格斯全集：第3卷 [M]. 北京：人民出版社，2002：297.
③ 陈新夏. 唯物史观与人的发展理论 [M]. 南京：江苏人民出版社，2013：37.

系中将自我意识推崇为哲学的最高原则，认为自我意识是一切实体的创造者和历史发展的决定力量。针对青年黑格尔派宣扬超验的自我意识，将人看作是抽象的自我意识的观点，马克思恩格斯进行了深刻的批判，指出"思辨唯心主义用'自我意识'即'精神'代替现实的个体的人"，"这种没有肉体的精神只是在自己的臆想中才具有精神"①。鲍威尔"把'无限的自我意识'作为自己的一切论述的基础"②，其做法是对黑格尔唯心主义思维方式的继承，青年黑格尔派对人的问题的认识还处在思辨哲学的思维框架内。在对人的抽象认识方面，"旧的思辨"与"批判的批判"具有一致性。"批判的批判认为人类就是精神空虚的群众"；同样的，当思辨哲学在论及人的问题时，指的都是"观念""精神"等"抽象的东西"③。马克思恩格斯从唯物主义立场出发，揭露了唯心主义思辨哲学将概念独立化、实体化的秘密，深刻批判了青年黑格尔派"抽象的人"的观念的不合理之处。他们通过对人的生存条件和现实处境的分析，批判了青年黑格尔派教导工人"在意识中改变自己的'抽象的我'"④的做法，强调"财产、资本、金钱、雇佣劳动"等"必须用实际的和具体的方式来消灭"，才能使人"在群众的存在中、在生活中真正成其为人"⑤。

第二，马克思恩格斯在批判青年黑格尔派"抽象的人"的观念的基础上，对"现实的人"的观念进行了初步阐释。在马克思恩格斯看来，唯心主义思辨哲学家把从客观具体事物中抽象出来的一般概念当作该事物的创造者。他们以思辨哲学家从"不同的现实的果实"中"得出'果品'这个抽象的观念"⑥为例，批判思辨哲学家"把现实的、普通的果实的存在

① 马克思恩格斯文集：第1卷 [M]. 北京：人民出版社，2009：253.
② 马克思恩格斯文集：第1卷 [M]. 北京：人民出版社，2009：263.
③ 马克思恩格斯文集：第1卷 [M]. 北京：人民出版社，2009：265.
④ 马克思恩格斯文集：第1卷 [M]. 北京：人民出版社，2009：274.
⑤ 马克思恩格斯文集：第1卷 [M]. 北京：人民出版社，2009：273.
⑥ 马克思恩格斯文集：第1卷 [M]. 北京：人民出版社，2009：277.

制造出来"①，用"抽象的理智公式起了现实事物的名称"。而沉溺于思辨哲学的青年黑格尔派"先从现实世界造出'秘密'这一范畴，然后又从这一范畴造出现实世界"，"把'秘密'变成了体现为现实的关系和人的独立主体"②。马克思恩格斯并不赞同青年黑格尔派在抽象意义上生成、创造出"抽象的人"的观念，反对青年黑格尔派将"人的一切特性"变成"想象的'无限的自我意识'的特性"③。由此，基于对"抽象的人"的批判，他们肯定了费尔巴哈的观点较之于青年黑格尔派的进步意义和人在历史活动中的主体地位，强调"思想永远不能超出旧世界秩序的范围"④，赋予了人使用实践力量的能力。在他们看来，"现实的人"是生活于现实的对象世界并能够从事实践活动的人。马克思恩格斯在《神圣家族》中对"现实的人"的初步阐释实现了对青年黑格尔派"抽象的人"的超越，为他们分析人的存在和发展问题奠定了重要的基础。

第三，马克思恩格斯在文中论证了人民群众在历史发展中的伟大作用。作为历史唯物主义原理之一，人民群众是历史的创造者这一原理是在马克思恩格斯批判青年黑格尔派唯心史观的过程中逐步形成的。他们认为，"黑格尔的历史观以抽象的或绝对的精神为前提"⑤，在这种观念的支配下，"人类的历史变成了抽象精神的历史"，"同现实的人相脱离"⑥。鲍威尔消除了黑格尔观念上的不彻底性，他把"群众"看作"历史上的消极的、精神空虚的、非历史的、物质的因素"，而"一切历史行动"都是由"精神、批判"，以及他自己和伙伴这些"积极的因素"⑦产

---

① 马克思恩格斯文集：第1卷 [M]. 北京：人民出版社，2009：278.
② 马克思恩格斯文集：第1卷 [M]. 北京：人民出版社，2009：280.
③ 马克思恩格斯文集：第1卷 [M]. 北京：人民出版社，2009：340.
④ 马克思恩格斯文集：第1卷 [M]. 北京：人民出版社，2009：320.
⑤ 马克思恩格斯文集：第1卷 [M]. 北京：人民出版社，2009：291.
⑥ 马克思恩格斯文集：第1卷 [M]. 北京：人民出版社，2009：292.
⑦ 马克思恩格斯文集：第1卷 [M]. 北京：人民出版社，2009：293.

生的。马克思恩格斯对青年黑格尔派的唯心史观进行了驳斥，强调人民群众在人类社会历史发展进程中具有主体地位，提出"历史活动是群众的活动"①，正是具体的现实的人及其实际活动所产生的历史事件构成了人类社会历史。他们不仅肯定了费尔巴哈"用'人'本身来代替包括'无限的自我意识'在内的破烂货"，"摧毁了现今正被'批判'滥用的那些范畴"；还明确地提出了"正是人，现实的、活生生的人在创造这一切"，"历史不过是追求着自己目的的人的活动而已"②。马克思恩格斯从实践的角度揭示了人的活动和社会历史之间的内在关系，彻底清算了青年黑格尔派的唯心史观。在他们看来，人在社会历史发展的过程中为了实现自身的发展而创造条件，在历史发展中发挥着重要的作用。代表着历史前进方向的无产阶级推动了社会历史的发展，构成了历史发展的真正动力。

（三）《关于费尔巴哈的提纲》：实践是人的发展的根本条件

由于普鲁士政府的责难，马克思于1845年2月离开巴黎前往布鲁塞尔，这座相对偏僻的城市位于"比欧洲大陆的任何其他国家有着更大的言论自由"的比利时。马克思在此"埋头于国家图书馆阅读法国有关经济的问题和社会的问题"，并且"由于对经济学的日益关注"，马克思看到了复杂经济现象背后的人类社会历史的发展规律。"他从费尔巴哈静止的和非历史的立场中脱离出来"，于同年春天撰写了其制定唯物主义世界观过程中的重要作品——《关于费尔巴哈的提纲》。此时的马克思"已经不再是紧跟费尔巴哈的学生了"③，他在完成了对黑格尔和青年黑格尔派的唯心主义思想体系的清算后，将批判的锋芒指向了费尔巴哈哲学。

① 马克思恩格斯文集：第1卷 [M]. 北京：人民出版社，2009：287.
② 马克思恩格斯文集：第1卷 [M]. 北京：人民出版社，2009：295.
③ [英] 戴维·麦克莱伦. 马克思传（第4版）[M]. 王珍，译. 北京：中国人民大学出版社，2016：139-141.

第一，马克思在文中深刻批判了以费尔巴哈为代表的旧唯物主义，揭露了旧唯物主义的根本缺陷。从总体上看，费尔巴哈的思想发展经历了"信仰上帝的阶段"，在黑格尔的影响下"崇尚理性的阶段"，以及同黑格尔哲学决裂并走上唯物主义道路的"崇拜以自然为基础的人的阶段"。不同于康德、黑格尔等唯心主义哲学家"在批判神学的同时，也总是要为神学留下地盘"，费尔巴哈恢复了唯物主义的权威，"第一次站在唯物主义的立场上，把上帝、绝对理念归结为以自然为基础的人"，实现了近代德国哲学史上的根本性转变。与具有明显机械论倾向的17至18世纪英国和法国唯物主义相比，费尔巴哈的唯物主义以18世纪末19世纪初发展起来的地质学、生物学等学科为自然科学基础，"力图从生物学角度去解释人"。他在继承的基础上对17至18世纪英国和法国唯物主义进行了发展，其唯物主义哲学是"西方旧唯物主义发展的高峰"[①]。而对于一切旧唯物主义，马克思在文章一开篇便指出其主要缺点在于"不是从主体方面去理解"对象、现实和感性，没有"把它们当做感性的人的活动"和"实践"来理解。马克思肯定了费尔巴哈认识世界和人的出发点是唯物的，将"感性客体"即自然界和人作为自己哲学研究对象，但同时，他也指出费尔巴哈并"没有把人的活动本身理解为对象性的活动"[②]。并且由于旧唯物主义将实践排除在客观物质世界之外，缺乏对人类实践活动意义的理解，它便不能正确认识主客体之间的关系，看不到人这一主体在实践活动中的能动作用，从而将人与外部世界的关系仅仅理解为消极、直观、被动的反映与被反映的关系。由此，马克思阐明了旧唯物主义的消极直观性，揭示了忽视人的主观能动性和实践的作用是旧唯物主义的根本缺陷。

第二，马克思在文中确立了科学的实践观，揭示了社会生活的实践

---

① 冒从虎. 南开百年学术经典·冒从虎文集：上 [M]. 天津：南开大学出版社，2018：228-240.

② 马克思恩格斯选集：第 1 卷 [M]. 北京：人民出版社，2012：133.

本质，为阐发新的社会历史观奠定了基础。"实践的观点是马克思主义哲学首要的和基本的观点"①。在《关于费尔巴哈的提纲》中，马克思一方面将实践观点应用于认识论，强调实践对人的认识和社会生活的作用。"马克思的'实践转向'，首先是以实践的唯物主义回答了哲学的基本问题——思维和存在的关系问题。"②他提出，"人应该在实践中证明自己思维的真理性"③，实践作为连接人的主观认识与客观现实的桥梁，是检验真理的标准。同时，针对旧唯物主义将历史发展的动力看作是精神而非客观的社会实践的作用，马克思提出，"全部社会生活在本质上是实践的"④。在他看来，社会实践不仅是人的认识的基础，也是社会生活的基础。另一方面，马克思将实践的观点引入历史领域，阐发了基于实践观基础上的新哲学观宣言。他认为，"旧唯物主义"作为一种资产阶级的世界观，其立脚点是"市民社会"，即资产阶级社会；而包括辩证唯物主义和历史唯物主义在内的"新唯物主义"的立脚点，是"人类社会和社会的人类"，即共产主义社会和无产阶级。马克思将实践与历史相结合，不仅正确解决了历史观的基本问题，还揭示了哲学的现实作用和历史使命。他强调革命的实践活动在认识和改造世界过程中具有决定性作用，马克思主义哲学的目的就在于"改变世界"⑤，表明了自身理论同革命实践之间的不可分割性。

第三，马克思在文中科学地说明了人的社会性本质，揭示了实践对人的发展的关键作用。马克思从人所从事的实践活动及其社会关系角度对人进行理解，认为"实践内在地包含着人与自然的关系、人与社会的关系以

---

① 杨耕，范燕宁. 马克思主义哲学概论 [M]. 北京：高等教育出版社，2004：35.
② 孙正聿. 马克思主义哲学智慧 [M]. 北京：现代出版社，2016：286.
③ 马克思格斯选集：第 1 卷 [M]. 北京：人民出版社，2012：134.
④ 马克思格斯选集：第 1 卷 [M]. 北京：人民出版社，2012：135.
⑤ 马克思格斯选集：第 1 卷 [M]. 北京：人民出版社，2012：136.

及人与其意识的关系"①，人在生产实践中所结成的"一切社会关系的总和"便构成了人的现实本质。在他看来，超阶级的、抽象的人的本质是不存在的。而费尔巴哈由于不理解社会生活的实践本质，看不到在此基础上形成的社会关系，因此便只能对人的本质作出抽象的理解。一方面，费尔巴哈眼中的人不是现实的人，而是一种抽象的、孤立的存在，不属于任何社会或任何阶级，他"假定有一种抽象的——孤立的——人的个体"。另一方面，费尔巴哈只看到了人的自然属性，并从人的自然属性出发对人的本质进行说明，将人的本质"理解为'类'"。针对费尔巴哈抽象地、非历史地考察人，把人的本质归结为人的自然本质的做法，马克思进行了深刻的批判。马克思指出，费尔巴哈所认为与生俱来的"'宗教感情'本身是社会的产物"，同样的，费尔巴哈"所分析的抽象的个人"虽然他自以为是撇开了一切社会关系和历史联系的生物学意义上的人，然而实际上却依然"是属于一定的社会形式的"②，脱离社会的、孤立的人在现实社会中是不存在的。马克思从社会关系角度理解人的本质，强调实践在人产生各种联系、结成各种社会关系过程中的基础性作用，将实践与现实的人的存在和发展联系起来，揭示了实践对人的发展的关键作用。

三、成熟时期：深入研究实现人的发展的社会条件

在唯物史观这一新世界观的指导下，马克思人的发展思想逐步摆脱了旧哲学的范畴，成为真正意义上的科学理论。从19世纪40年代起，马克思持续关注着社会领域的重大现实及理论问题，和工人阶级革命团体建立并保持着广泛的联系。他在这一时期将自己的理论与工人运动结合起来，运用唯物史观深刻剖析人类社会历史，在其作品中全面系统地阐述了科学社

---

① 杨耕，范燕宁. 马克思主义哲学概论 [M]. 北京：高等教育出版社，2004：36.
② 马克思恩格斯选集：第 1 卷 [M]. 北京：人民出版社，2012：135.

会主义和马克思主义政治经济学的基本思想。这一时期，马克思深入研究实现人的发展的社会条件，他对人的发展问题的论述"已经将对人的发展的理解同对社会历史发展的认识有机地结合在了一起"①，其人的发展思想日渐成熟。

（一）《德意志意识形态》：社会异化状况下人的发展问题

1845年9月，马克思恩格斯开始对在之前列下的思想纲要展开详细论证。他们在阐述唯物史观和共产主义理论的过程中，进一步与以费尔巴哈为代表的旧唯物主义和以鲍威尔、施蒂纳为代表的青年黑格尔派的唯心主义划清界限。在两人的共同努力下，马克思恩格斯于1846年5月完成了其人的发展思想发展过程中的重要文本——《德意志意识形态》，"实现了西方哲学史上的历史观革命"。同时，由于"在马克思恩格斯这里，自由问题和历史问题始终是一而二，二而一的"，因而文中所蕴含的"历史唯物主义方法智慧"作为两人的思想结晶，"为寻找到实现自由的科学路径提供了重要的方法论基础"②，从而为人的自由全面发展这一价值诉求的实现奠定了基础。《德意志意识形态》"确立了人的发展的价值取向和科学认识"，此时，马克思"人的发展理念已从初步的思想萌芽演变成更为丰富的内容"③。

第一，马克思恩格斯在文中从"现实的个人"出发考察全部人类历史，说明了人的社会活动的四个方面。他们将人类历史赖以存在和发展的现实前提归结为"现实的个人"及其"活动"和"物质生活条件"④。在此基础上，他们揭示了物质生产活动对社会历史和人的发展的基础性作

---

① 陈新夏. 唯物史观与人的发展理论 [M]. 南京：江苏人民出版社，2013：39.

② 李成旺. 《德意志意识形态》导读（增订版）[M]. 北京：中国民主法制出版社，2018：2.

③ 陈新夏. 唯物史观与人的发展理论 [M]. 南京：江苏人民出版社，2013：39.

④ 马克思恩格斯选集：第1卷 [M]. 北京：人民出版社，2012：146.

用，强调生产是将人和动物区别开来的主要标志，"人们用以生产自己的生活资料的方式"不仅是"个人肉体存在的再生产"方式，还是"个人的一定的活动方式"和"生活方式"①。马克思恩格斯在揭露德国思辨哲学的唯心主义实质的同时，明确了处于一定社会历史关系中的"从事实际活动的人"②是唯物史观的科学前提，并进一步说明了"原初的历史的关系的四个因素"③，对人的社会活动进行了具体考察。首先，马克思恩格斯指出，"生产物质生活本身"即生产满足人们生存和发展所需要的物质生活资料，是"一切历史的基本条件"④，揭示了生产实践活动对于人的生存和发展的关键作用。其次，物质生活资料的再生产，即在满足第一个需要基础上引起的"新的需要"，是"第一个历史活动"，推动人类社会持续不断地向前发展。再次，人的"繁殖"是"历史发展过程的第三种关系"⑤，即家庭关系。最后，"生命的生产"表现为自然关系和"指许多个人的共同活动"的社会关系，一定的社会状况是由"人们所达到的生产力的总和"⑥所决定的。以上述发现为基础，马克思恩格斯系统阐述了唯物史观的基本原理，对人的发展问题展开分析。

第二，他们揭示了私有制条件下社会分工造成的异化现象，分析了异化状况下人的发展问题。在文中，马克思恩格斯对分工及其在社会历史中的作用进行了具体考察，说明了分工是生产力发展的表现和私有制产生的基础，分工的发展程度作为生产力发展水平的客观标尺影响着"所有制的各种不同形式"⑦。在他们看来，分工是"生产力、社会状况和意识"

---

① 马克思恩格斯选集：第 1 卷 [M]．北京：人民出版社，2012：147.
② 马克思恩格斯选集：第 1 卷 [M]．北京：人民出版社，2012：152.
③ 马克思恩格斯选集：第 1 卷 [M]．北京：人民出版社，2012：160.
④ 马克思恩格斯选集：第 1 卷 [M]．北京：人民出版社，2012：158.
⑤ 马克思恩格斯选集：第 1 卷 [M]．北京：人民出版社，2012：159.
⑥ 马克思恩格斯选集：第 1 卷 [M]．北京：人民出版社，2012：160.
⑦ 马克思恩格斯选集：第 1 卷 [M]．北京：人民出版社，2012：148.

这三个因素之间"发生矛盾"的根源，"分工和私有制是相等的表达方式"①。他们具体分析了私有制条件下社会分工给人的发展带来的影响。一方面，他们认为私有制条件下的分工造成了人与自身的分裂，使人无法超出"强加于他的"活动范围，人本身的活动"成为一种异己的、同他对立的力量"压迫着人。在私有制条件下，分工造成了人的社会活动的固定化，形成了对人的社会活动的制约，人成为被固定在单一生产活动状况下的人，人们所生产出来的产物"聚合为一种统治我们、不受我们控制"②的力量。这种力量对人而言是一种异己的、在人之外的强制力量，支配着人的意志和行为，却无法被人所驾驭。在这种情况下，人的发展在物质和精神上都受到了严重的阻碍。另一方面，马克思恩格斯认为，私有制条件下的分工造成了人与人之间的对立。分工作为对人的劳动能力的一种优化组合，将不同的个人汇集在一起，使个人"完全被置于相互依赖的关系之中"③。然而，私有制条件下残酷的生存竞争使人们陷入了彼此孤立的状态，分工将人固定在一定的工作岗位上，大部分人生存和发展的权利被生产资料的占有者所掌控，人陷入了片面发展的状态之中。

第三，马克思恩格斯探讨了克服异化现象的前提条件，描绘了共产主义社会里人的发展的理想境界。针对私有制条件下社会分工给人的发展带来的消极影响，马克思恩格斯指明了不存在社会分工和私有制的共产主义社会与以往社会的不同。按照他们的描述，在克服了异化现象的共产主义社会里，人可以"随自己的兴趣今天干这事，明天干那事"④。马克思恩格斯强调发展生产力和消灭社会分工及私有制对人的自由全面发展的推动作用，指出"生产力的巨大增长和高度发展"是克服异化现象的必要前

---

① 马克思恩格斯选集：第1卷 [M]. 北京：人民出版社，2012：162-163.
② 马克思恩格斯选集：第1卷 [M]. 北京：人民出版社，2012：165.
③ 马克思恩格斯选集：第1卷 [M]. 北京：人民出版社，2012：207-208.
④ 马克思恩格斯选集：第1卷 [M]. 北京：人民出版社，2012：165.

提，为共产主义社会的实现提供一定的物质基础。此外，在"生产力的巨大增长和高度发展"①基础上，克服异化现象还需要具备"两个实际前提"，即使异化"成为一种'不堪忍受的'力量"，以及"把人类的大多数变成完全'没有财产的'人"②。在他们看来，上述条件的满足会带来社会矛盾的激化，异化将会成为革命的对象，"极端贫困的普遍化"③现象不复存在，人们之间能够建立起普遍的交往。在发展程度越来越深的普遍交往中，人的社会关系日益全面丰富，人们之间的普遍联系和社会关系将推动集体的形成，从而为每个人实现自由发展奠定基础。并且随着私有制及社会分工的消失，"个人自由只是对那些在统治阶级范围内发展的个人来说是存在的"④这一状况将得到彻底的颠覆，"人们将使交换、生产及他们发生相互关系的方式重新受自己的支配"⑤，在自己的联合中获得自由全面的发展。至此，马克思已经"形成了比较完整的人的发展价值取向"⑥。这一时期，在唯物史观的指导下他对人的发展问题的认识日益全面深入，其人的发展思想在逐步发展的过程中理论框架日渐清晰，内容日渐丰富。

（二）《共产党宣言》：无产阶级实现自身解放和发展的途径

《共产党宣言》作为马克思恩格斯在1848年至1849年欧洲革命前完成的重要作品，是他们于1847年11月受共产主义者同盟委托，在《共产主义原理》的基础上起草撰写的一个理论和实践纲领，于1848年2月公开发表。他们以唯物史观为理论基础，在文中首次对马克思主义理论做出了完

---

① 马克思恩格斯选集：第 1 卷 [M]. 北京：人民出版社，2012：166.
② 马克思恩格斯选集：第 1 卷 [M]. 北京：人民出版社，2012：165.
③ 马克思恩格斯选集：第 1 卷 [M]. 北京：人民出版社，2012：166.
④ 马克思恩格斯选集：第 1 卷 [M]. 北京：人民出版社，2012：199.
⑤ 马克思恩格斯选集：第 1 卷 [M]. 北京：人民出版社，2012：167.
⑥ 陈新夏. 人学与人的发展 [M]. 北京：社会科学文献出版社，2015：18.

整系统的表述。《共产党宣言》为工人运动提供了科学的指导，其中包含着较为丰富的人的发展思想。

第一，马克思恩格斯在文中运用历史唯物主义观点，肯定了资产阶级在推动社会进步和人的发展方面所起的革命作用。他们对资产阶级产生和发展的历史过程进行了深入考察，提出在"资产阶级时代"整个社会日益分裂为资产阶级和无产阶级"两个敌对的阵营"，其中，"资产阶级分子"和资本主义的关系是从"封建社会内部"[①]产生的。他们肯定了在经济力量和政治方面获得了相应发展的"资产阶级在历史上曾经起过非常革命的作用"[②]，并对其革命作用进行了具体的分析。在马克思恩格斯看来，资产阶级用资本主义的关系代替了"一切封建的、宗法的和田园诗般的关系"[③]，使人与人之间不再存在人身依附关系，而且随着资产阶级对生产工具、生产关系和全部社会关系的变革，人的观念和见解也会相应地发生变化。此外，他们强调资产阶级还"开拓了世界市场"[④]，使各个国家、民族之间的经济文化联系更加紧密；"创立了巨大的城市"，大量的农村人口转变为城市人口，农业劳动力转变为工商业劳动力，原本生活在农村的居民来到城市后思想由守旧变得更加开通。并且随着"生产资料、财产和人口的分散状态"被消灭，资产阶级逐渐建立起适应资本主义发展的统一的民族国家，解放了在"封建的所有制关系"[⑤]束缚下的生产力，极大地提升了生产力水平。因此，资产阶级在历史上的革命作用在于其为社会的发展和人的生存、发展创造了有利的条件，在一定程度上促进了社会的进步和人的发展。

第二，马克思恩格斯分析了无产阶级产生发展的历史过程，揭示了

---

① 马克思恩格斯选集：第 1 卷 [M]. 北京：人民出版社，2012：401.
② 马克思恩格斯选集：第 1 卷 [M]. 北京：人民出版社，2012：402.
③ 马克思恩格斯选集：第 1 卷 [M]. 北京：人民出版社，2012：402-403.
④ 马克思恩格斯选集：第 1 卷 [M]. 北京：人民出版社，2012：404.
⑤ 马克思恩格斯选集：第 1 卷 [M]. 北京：人民出版社，2012：405.

资本主义制度下人片面、畸形发展的现实状况。他们认为，虽然资产阶级在历史上起了非常革命的作用，创造了巨大的社会生产力，但随着历史的发展，社会所拥有的生产力已经使生产关系不能适应。此时，生产力的发展在客观上要求以一种新的生产关系来代替资本主义生产关系。马克思恩格斯强调无产阶级是变革资本主义社会的社会力量，并对其产生发展和处境展开了具体的分析。他们认为，在资本主义制度下机器和分工的推广并没有减轻工人的劳动强度，使无产阶级受压迫和剥削的状况得以改善，反而增加了工人的劳动量、劳动强度和工作时长，将"工人变成了机器的单纯的附属品"[①]。在工厂里，无产阶级为了生存，将自己的劳动力出卖给资本家，要受到来自厂主和监工的监视、管制和奴役，以及来自"房东、小店主、当铺老板"的剥削，无论男工、女工还是童工"都只是劳动工具"[②]。马克思恩格斯通过考察资本主义私有制条件下的经济活动和经济关系中的人的现实境遇，揭示了资本主义制度对人的发展的限制，指出私有制条件下人的发展是片面的、畸形的发展。

第三，马克思恩格斯说明了无产阶级的阶级特性和历史使命，分析了其实现人的解放和发展的途径。他们提出，无产阶级"反对资产阶级的斗争是和它的存在同时开始的"[③]，并且这一斗争经历了由分散到联合、由自发到自觉的发展过程。无产阶级的产生和发展与机器大工业紧密相连，代表着先进的生产力。马克思恩格斯通过对中间等级和流氓无产阶级的具体分析，说明了无产阶级的先进性和革命性，强调面对"现代的工业劳动，现代的资本压迫"的无产阶级是最具有革命彻底性的阶级，其"运动是绝大多数人的"。身处"现今社会的最下层"[④]的无产阶级只有使全人

---

① 马克思恩格斯选集：第 1 卷 [M]. 北京：人民出版社，2012：407.
② 马克思恩格斯选集：第 1 卷 [M]. 北京：人民出版社，2012：408.
③ 马克思恩格斯选集：第 1 卷 [M]. 北京：人民出版社，2012：408.
④ 马克思恩格斯选集：第 1 卷 [M]. 北京：人民出版社，2012：411.

类获得解放，才能最后解放自己，其历史使命就是推翻资本主义制度，实现人的解放和发展。为了实现这一使命，无产阶级应该"用暴力推翻资产阶级而建立自己的统治"①。马克思恩格斯在此基础上阐明了无产阶级专政的基本思想，提出无产阶级一方面要"一步一步地夺取资产阶级的全部资本"，进行生产资料所有制的改造；另一方面要大力发展生产力，"尽可能快地增加生产力的总量"②，为共产主义创造更多的社会财富。他们对未来社会的主要特征进行了高度概括，提出了未来理想社会将是自由人联合体的设想，强调在未来消灭了阶级和阶级斗争之后的理想社会里，每个人的才能和智慧都能够得到充分和自由的发展。"在那里，每个人的自由发展是一切人的自由发展的条件。"③

（三）《1857—1858年经济学手稿》：从历史演进尺度把握人的发展

1849年8月移居伦敦后，马克思从1850年初重新开始了他在1848年欧洲革命前进行的政治经济学研究。他密切关注资本主义经济发展状况，在广泛收集、阅读政治经济学文献资料，钻研一系列自然科学和技术书籍的基础上，摘录其中的重要文句进行评注，写下了大量的笔记，并于1857年秋至1858年5月完成了篇幅巨大的《1857—1858年经济学手稿》。马克思在文中以人的发展程度为标准，将个人和社会关系的历史发展过程划分为三大形态，并把人"放在历史发展的三大社会形态之中"进行考察。他将人的发展看作是处在社会历史发展过程中的人的发展，从历史演进的尺度把握人的发展问题，"力图揭示人的发展的种种历史表现形式或本质特

---

① 马克思恩格斯选集：第1卷 [M]. 北京：人民出版社，2012：412.
② 马克思恩格斯选集：第1卷 [M]. 北京：人民出版社，2012：421.
③ 马克思恩格斯选集：第1卷 [M]. 北京：人民出版社，2012：422.

征"①。

第一，关于前资本主义社会形态，即"人的依赖关系"②阶段人的发展的表现形式或本质特征，马克思将其理解为人对共同体的依附。他认为，这一阶段自然经济居于统治地位，生产力水平极其低下，还没有出现大规模的社会分工，个人被局限于特殊的社会职能上，难以通过个人的力量来满足自身发展的需要。此时，在纯粹自然状态下的个人没有独立性可言，只能基于统治服从关系和自然血缘关系依附于特定的共同体。人们在共同体内部彼此依赖，共同进行物质生产。因此，这一阶段人的社会关系是相对贫乏和单一的，只限于个人对共同体的依赖，人只能在共同体内部与他人共同从事相对简单且单调的活动，"还没有造成自己丰富的关系"③。在马克思看来，个人的活动和能力与他们的社会关系相适应。这一阶段人的社会关系和个性不可能得到丰富和全面的发展，相应地，个人只能在共同体的从属关系中发展自己的才能，人的能力的发展也并不自由和充分。

第二，关于资本主义社会形态，即"物的依赖性为基础的人的独立性"④阶段人的发展的表现形式或本质特征，马克思将其概括为个人独立。在这一阶段，原始社会中的自然经济被商品经济所取代，社会上出现了分工和交换现象，社会生产力的发展为人满足生活需要、发展独立个性奠定了一定的物质基础。此时，随着改造自然的主体能力的不断提高，个人逐渐摆脱了来自自然和人身依附关系的制约，已经不只属于单一的共同体，而是获得了生活地点和社会关系上的独立。马克思敏锐地发现了这一阶段人的能力和社会关系等都是通过物来得以确证，人的独立以物的依赖

---

① 韩庆祥. 现实逻辑中的人：马克思的人学理论研究 [M]. 北京：北京师范大学出版社，2017：261-262.
② 马克思恩格斯文集：第8卷 [M]. 北京：人民出版社，2009：52.
③ 马克思恩格斯文集：第8卷 [M]. 北京：人民出版社，2009：56.
④ 马克思恩格斯文集：第8卷 [M]. 北京：人民出版社，2009：52.

关系为社会基础。他指出"个人从属于像命运一样存在于他们之外的社会生产"①，肯定了"这种物的联系比单个人之间没有联系要好"②。然而与此同时，马克思也揭露了这种独立只是表面上的独立。这种"物的依赖"的社会关系不仅作为人的生存条件限制着个人，使人不得不出卖自己的劳动力，仅仅为了获取生活资料来维持生存而从事自身所不愿从事的劳动，人的能力被单一的生产能力所代替；同时，它还限制了个人的社会关系和个性的发展，使人的一切关系都局限于对物的占有关系，人的自由发展受到了新的限制。

第三，关于未来共产主义社会形态，即"第三个阶段"人的发展的表现形式或本质特征，马克思将其描述为人的全面发展。马克思在文中一方面将人的发展看作一个有规律的和能动的历史过程，从人的发展角度对未来社会的根本特点进行了预测。在他看来，这一阶段由于社会生产力的极大发展和物质财富的极大丰富，人得以从"人"和"物"的双重依附中解脱出来，成为社会和自然界的主人，拥有了发展其自由个性的社会生产力基础。此时，人处于全面发展的状态，能够根据自己的意愿支配自身及其生存条件，可以在生产及生活过程中自由地发挥自己的内在本质力量和创造能力。另一方面，马克思在文中还对未来社会人的发展问题进行了科学的理解。他不仅运用唯物史观指明了人的发展的社会条件，强调生产力和交往在人的发展过程中十分关键，即生产力的普遍发展和交往的普遍性是"个人全面发展的可能性"③的基础。同时，马克思还强调人的全面发展对人的社会关系的依赖性，他认为随着人在社会中积极建立并拓展自己全面丰富的社会关系，自身也将朝着符合社会发展的方向实现自由而全面的发展。他揭示了人的发展与生产力发展和社会关系变化之间的关系，提出

---

① 马克思恩格斯文集：第 8 卷 [M]．北京：人民出版社，2009：53.
② 马克思恩格斯文集：第 8 卷 [M]．北京：人民出版社，2009：56.
③ 马克思恩格斯文集：第 8 卷 [M]．北京：人民出版社，2009：171.

个人的全面性"是他的现实联系和观念联系的全面性"①。

（四）《资本论》：社会所有制的确立是人的发展的重要条件

作为一部具有划时代意义的巨著，于1867年9月面世的《资本论》包含着极其丰富的内容，人的问题也是其中一个重要的组成部分。在这部著作中，马克思十分关注作为社会关系和社会活动承担者的个人的历史发展，在运用辩证唯物主义和历史唯物主义世界观和方法论揭示资本主义社会基本矛盾和人类社会历史发展规律的基础上，围绕人的发展问题展开了探讨。他在政治经济学批判语境中具体揭示了资本主义生产方式下的人的发展状况，阐明了社会所有制的确立对于人的发展的重要意义。

第一，马克思考察了资本主义提高劳动生产力的三种基本历史形式，揭示了生产力的发展是人的本质力量的发展的重要表现。他提出，作为人们在劳动过程中展现出的一种作用于自然界的客观物质力量，生产力"当然始终是有用的、具体的劳动的生产力"②，既包括人们在劳动过程中所使用的诸如风力、水力等自然界的自然力，以及通过分工协作而形成的社会劳动的自然力，还包括人自身的"自然力——臂和腿、头和手"③。这三种自然力作为生产力的重要来源，它们在生产过程中被开发和利用的程度决定了生产力的发展水平，并且在资本主义生产方式下，作为资本增殖工具的"社会劳动的一切生产力都表现为资本的生产力"④。他考察了资本主义提高社会劳动生产力的三种基本历史形式，肯定了简单协作有效地提高了人对生产力的开发利用程度；在简单协作基础上发展起来的工场手工业，由于分工而使劳动者朝着专门化的方向发展成为了"片面的局部工

---

① 马克思恩格斯文集：第8卷 [M]. 北京：人民出版社，2009：172.
② 马克思恩格斯选集：第2卷 [M]. 北京：人民出版社，2012：105.
③ 马克思恩格斯选集：第2卷 [M]. 北京：人民出版社，2012：169.
④ 马克思恩格斯选集：第2卷 [M]. 北京：人民出版社，2012：848.

人"，能够"在较短时间内能生产出较多的东西"；而在工场手工业的基础上发展起来的机器大工业，借助"由许多简单工具结合而成"^①的机器，"无情地排挤掉以往的一切生产方式"^②，极大地提高了资本主义社会的劳动生产力水平。在马克思看来，资本主义社会生产力的迅速发展，既体现人们在最大限度地生产剩余价值的过程中，对于构成生产力来源的三大自然力的开发利用程度不断提高，也体现在人们之间的社会联系日益增强，形成了更为复杂的生产组织体系，这同时也是人的本质力量发展的重要表现。

第二，马克思分析了资本主义必然灭亡的历史趋势，阐明了社会所有制的确立对于人的发展的重要意义。在他看来，资本主义生产方式是在分散的个体劳动发展为社会化劳动的过程中诞生的。作为资本主义生产过程的重要特征，生产的社会化不仅提高了生产力水平，还对作为主体的劳动者本身产生了重要影响，促进了其需要的发展和社会关系的丰富，使劳动者在生产过程中通过分工协作建立起彼此之间的联系。同时，资本主义生产方式下的社会生产是一种发达的商品生产活动，与竞争有着内在的关联。竞争不仅"使资本主义生产方式的内在规律作为外在的强制规律支配着每一个资本家"，迫使资本家为了最大限度地生产剩余价值而"不断扩大自己的资本来维持自己的资本"^③；还使失去了生产资料的广大雇佣劳动者承受着巨大的竞争压力，要在身体上和心理上适应越来越高强度的工作，"使自身的自然中蕴藏着的潜力发挥出来"^④。此外，马克思还发现了资本的内在否定性，即"资本主义生产的真正限制是资本自身"。他认为，"资本主义生产方式包含着绝对发展

① 马克思恩格斯选集：第 2 卷 [M]．北京：人民出版社，2012：212．
② 马克思恩格斯选集：第 2 卷 [M]．北京：人民出版社，2012：675．
③ 马克思恩格斯选集：第 2 卷 [M]．北京：人民出版社，2012：267．
④ 马克思恩格斯选集：第 2 卷 [M]．北京：人民出版社，2012：169．

生产力的趋势"①，通过不断地生产出剩余价值来实现自身的增殖是资本的内在规定。然而，资本增殖自身的目的与实现这一目的的手段是相互矛盾的，这一矛盾具体体现在"资本及其自行增殖"作为"生产的动机和目的"是有限的，而这一有限性显然和资本"无限制地增加生产"②之间存在着冲突。并且随着资本主义生产的社会化和资本主义私有制之间的矛盾的加剧，资产阶级和无产阶级之间的对立也将日益尖锐，而"一旦劳动者转化为无产者"，"从而对私有者的进一步剥夺，就会采取新的形式"。此时，"剥削许多工人的资本家"便成为被剥夺的对象，"工人阶级的反抗"不断增长，"资本的垄断"已经成为"生产方式的桎梏"③。由此，马克思论证了产生剩余价值的资本运动必然导致资本主义固有矛盾的激化，并在此基础上揭示了以公有制为基础的生产关系是人的发展的重要条件。在他看来，只有"以社会的生产经营为基础的资本主义所有制转化为社会所有制"④，人才能够摆脱资本主义社会关系对自身活动的支配，获得丰富的物质生活资料。人们将在这样的"一个自由人联合体"中"用公共的生产资料进行劳动"⑤，并在生产过程中全面地展示自身的能力，实现自由而全面的发展。

（五）《哥达纲领批判》：共产主义社会人的自由全面发展的实现

19世纪70年代初，随着德国工人运动的高涨和工人阶级与资产阶级之间斗争的日益尖锐，实现德国工人运动的团结统一成为当时亟待解决的问题。马克思和恩格斯也十分关注这一问题，他们从工人运动的整体利益出发，对于当时德国存在的两个工人阶级组织——爱森纳赫派和拉萨尔派

---

① 马克思恩格斯选集：第2卷 [M]. 北京：人民出版社，2012：508.
② 马克思恩格斯选集：第2卷 [M]. 北京：人民出版社，2012：508-509.
③ 马克思恩格斯选集：第2卷 [M]. 北京：人民出版社，2012：299.
④ 马克思恩格斯选集：第2卷 [M]. 北京：人民出版社，2012：300.
⑤ 马克思恩格斯选集：第2卷 [M]. 北京：人民出版社，2012：126.

的合并在原则上持赞成态度①。并且由于拉萨尔派过去一直坚持机会主义路线、反对马克思主义，因此他们也一再告诫爱森纳赫派要在理论问题和政治问题上坚持原则，"合并的第一个条件是，他们不再做宗派主义者，不再做拉萨尔派"②，强调两党的合并一定要建立在拉萨尔派放弃其错误主张的基础上。然而，爱森纳赫派却不顾马克思恩格斯对于两党起草的合并纲领草案的批评，只略加修改就在1875年举行的合并大会上予以通过。于是，为了帮助德国工人党清除拉萨尔主义的思想影响，维护科学社会主义原则立场，马克思于1875年写下了《哥达纲领批判》这一重要文献。他在文中批判了纲领草案中宣扬的拉萨尔主义错误观点，首次对共产主义社会发展的两个阶段进行了区分。这篇文章包含着马克思关于人的自由全面发展的制度保障的思考，在其人的发展思想的发展进程中具有十分重要的地位。

第一，马克思指出资本主义私有制是无产阶级遭受剥削和压迫的根源，对拉萨尔机会主义分配纲领进行了批判。他认为，劳动"不过是一种自然力即人的劳动力的表现"，离开"自然界这个一切劳动资料和劳动对象的第一源泉"，单纯的人的劳动是无法创造财富的。而草案纲领中回避生产资料所有权这一关键问题，空谈劳动创造财富，这是"资产阶级的说法"③，资产阶级也正是以此来掩饰自己用生产资料私有制剥削雇佣劳动者的事实。同时，在马克思看来，工人政党的党纲应该首先使工人阶级清楚"在现今的资本主义社会中怎样最终创造了物质的和其他的条件"，明确自身的阶级立场和肩负的历史使命，而不是"泛泛地谈论'劳动'和'社会'"④。此外，对于纲领草案严重歪曲第一国际章程条文，将土地

---

① 庄福龄. 简明马克思主义史 [M]. 北京：人民出版社，2004：88.
② 马克思恩格斯选集：第3卷 [M]. 北京：人民出版社，2012：345.
③ 马克思恩格斯选集：第3卷 [M]. 北京：人民出版社，2012：357.
④ 马克思恩格斯选集：第3卷 [M]. 北京：人民出版社，2012：359.

所有者对劳动资料的垄断排除在工人阶级遭受奴役和贫困的原因之外的做法，马克思则明确指出，"在现代社会，劳动资料为土地所有者和资本家所垄断"①，两者都是无产阶级革命的对象。拉萨尔主义的公平分配方案中所提及的劳动所得"属于社会一切成员"与"不折不扣的劳动所得"②之间是相互矛盾的，根本不可能连在一起。无论是在生产资料所有者将大部分劳动成果据为己有的资本主义私有制社会，还是在共产主义社会，劳动者都无法获得拉萨尔口中的"不折不扣的劳动所得"。原因在于，共产主义社会集体劳动所得的社会总产品在进行个人分配之前，应当从其中扣除用于保障社会生产正常有序进行所必需的三部分物质，此后剩下的社会总产品才能作为消费资料在社会成员中进行分配。并且这部分消费资料在进行个人分配之前，还要从中扣除三部分费用。只有作了上述六项扣除后，"才谈得上纲领在拉萨尔的影响下狭隘地专门注意的那种'分配'"③。马克思详细论证了上述扣除的必要性和性质，揭示了共产主义社会中社会产品的分配既非如纲领草案所言分配"劳动所得"，也不存在所谓的"不折不扣"。

第二，马克思在文中分析了共产主义社会中的分配问题，强调只有在共产主义社会高级阶段才能实现人的自由而全面的发展。在他看来，共产主义社会实行单一的生产资料公有制，是"一个集体的、以生产资料公有为基础的社会"④，其发展过程必须要经历两个阶段。其中，共产主义社会第一阶段——社会主义阶段实行按劳分配的原则。这既是由"社会的经济结构"所决定的，也与这个时期"由经济结构制约的社会的文化发展"状况相适应。具体而言，按劳分配指的是劳动者以时间计量自己提供

① 马克思恩格斯选集：第 3 卷 [M]. 北京：人民出版社，2012：360.
② 马克思恩格斯选集：第 3 卷 [M]. 北京：人民出版社，2012：361.
③ 马克思恩格斯选集：第 3 卷 [M]. 北京：人民出版社，2012：362.
④ 马克思恩格斯选集：第 3 卷 [M]. 北京：人民出版社，2012：363.

给社会的劳动量，社会则采用一定的比例将其以消费资料的形式返还给劳动者。对此，马克思认为，由于生产者的权利都是以"同一尺度——劳动——来计量"的，因此对于劳动者而言，按劳分配在形式上是一种平等的权利。然而与此同时，他也明确指出，由于劳动这一尺度一律用劳动时间和强度来衡量每个人的贡献，不承认劳动者之间存在着天赋和能力上的、婚姻状况和子女数量上的差别，因而会造成分配中事实上的不平等，这在"刚刚从资本主义社会产生出来的共产主义社会第一阶段，是不可避免的"[1]。在马克思看来，只有在共产主义社会高级阶段按照"各尽其能、按需分配"的原则进行个人消费品的分配，才能消除按劳分配所带来的事实上的不平等，实现人的自由而全面的发展。这一目标的实现需要具备以下三个方面的条件：一是消灭旧的强制性的社会分工，使"脑力劳动和体力劳动的对立"消失，从而劳动者能够自由选择自己所热爱的职业，在自己感兴趣的工作岗位上施展才华；二是人们劳动的主动性、自觉性极大提高，将劳动视为"生活的第一需要"[2]；三是随着个人的全面发展和科学文化素质的提高，社会生产力水平极大提高，社会产品极大丰富。综上所述，马克思正是在运用阶级分析的方法分析共产主义社会分配问题的过程中，为无产阶级消灭私有制、摆脱异化、实现自由而全面的发展指明了现实道路。

---

① 马克思恩格斯选集：第 3 卷 [M]．北京：人民出版社，2012：364．
② 马克思恩格斯选集：第 3 卷 [M]．北京：人民出版社，2012：365．

第四章

马克思人的发展思想的核心内容

马克思始终在科学的基础上，即在社会关系和社会生活条件的基础上，考察人的发展问题，注重人的解放和人的发展的实现方式和实现条件。在考察人的发展问题时，马克思"既注重人的自由和全面发展这一目的，又特别注重这一目的实现的客观条件"①，其人的发展思想具有十分丰富的内容。本章拟从人的发展的首要前提、推动力量、价值目标及其实现条件四个方面出发，来深入分析马克思人的发展思想的核心内容。

一、"现实的人"的存在是人的发展的首要前提

"马克思主要关注的是现实人的生存境遇与发展命运"②，以"现实的人"为主题展开对与人相关问题的研究。马克思人的发展思想作为其理论体系的重要组成部分，也立足于人的现实存在，以人的现实社会生活为基础。正是在界定这一历史前提的基础上，马克思才对人的发展的推动力量、价值目标及其实现条件进行了说明。他将"现实的人"的存在确立为人的发展的首要前提，表达了自己对这一问题的思考，强调了个体和类是人在现实中的基本存在形态，"现实的人"作为唯物史观的逻辑起点和中心线索，与社会之间具有内在的统一性，人的发展与社会发展相统一。

---

① 韩庆祥. 现实逻辑中的人：马克思的人学理论研究 [M]. 北京：北京师范大学出版社，2017：160.

② 李杰. 马克思开辟的人学道路及其当代价值 [M]. 北京：人民出版社，2012：53.

（一）个体和类是人在现实中的基本存在形态

"现实的人"既是历史唯物主义的逻辑起点和中心线索，也是马克思人的发展思想中的一个基础性概念。在他看来，"现实的人"的存在是社会历史发展和人的发展的首要前提。纵观马克思人的发展思想的形成发展历程，他对"现实的人"这一概念的理解离不开对费尔巴哈"现实的人"的批判和扬弃。正是在此基础上，马克思揭示了人的类特性和人的本质，形成了关于"现实的人"的科学认识，确立了个体和类是人在现实中的基本存在形态。

第一，费尔巴哈对"现实的人"的描述，为马克思科学理解"现实的人"这一概念奠定了基础。费尔巴哈将自己的哲学建立在人及其赖以生活的自然界基础之上，系统地阐发了自己关于无神论和人本学唯物主义的基本观点。"现实的人"是其人本学中的基础性概念，他在关于"人"的学说中使用了"现实的人""具体的人""感性的人"等术语，重点描述了存在于现实世界中的人的现实性。他反对宗教和封建专制制度对人的束缚和压迫，主张用人的本质去理解宗教的本质，"用人与人之间的爱来代替基督教所宣传的基督对人的爱"①。在费尔巴哈看来，人是意识和存在的统一体，人的本质是理性、意志力和爱的三位一体。他站在唯物主义角度将自然视为人存在、发展的前提基础和重要依据，强调作为自然界发展产物的人是自然界的一部分，人的肉体、精神和思维都从自然界中发展而来。费尔巴哈在探究人的本质问题的过程中，涉及了对"现实的人"的描述，在他看来，人是对象性的存在物，自然界和人本身作为人的现实对象，不仅是与人发生对象性关系的现实存在，还是人的现实存在得以确证的重要依据。人的本质是对象性的本质，通过对象表现出来，只有与对

① 全增嘏. 西方哲学史：下册 [M]. 上海：上海人民出版社，1985：349.

象发生关系，人的实在性、真实性和现实性才得以确证。费尔巴哈以有血有肉的、活生生的"现实的人"来代替黑格尔思辨哲学中抽象的理性，他对"现实的人"的描述为马克思科学理解"现实的人"这一概念奠定了基础。马克思批判地继承了费尔巴哈关于人的现实性存在的思想，与恩格斯在《神圣家族》中对费尔巴哈的观点较之于青年黑格尔派的进步意义进行了充分肯定，强调费尔巴哈"消解了形而上学的绝对精神，使之变为'以自然为基础的现实的人'"[①]。马克思既承认人的类特性即自由自觉的活动，是人区别于其他动物的根据，又强调人的本质的社会性，强调人的现实性和实践性。他在《1844年经济学哲学手稿》中将人的本质与劳动联系起来，认为劳动作为一种创造性的活动，是人区别于动物的根本特征。马克思提出，"人是类存在物"[②]，其活动是自由的活动。然而，异化劳动却将人自由自主的活动"贬低为手段"，将人的类本质"变成了对人来说是异己的本质"[③]。由此，马克思推断出了资本主义私有制条件下人同自己的类本质相异化的结论，"论证了人的活动的自由自主性和超越现实性，论证了人的活动改造外物的对象化特征"[④]。他对人的活动自由自觉性的认定，不仅为人的发展目标的确立提供了依据，还包含着对实践活动本质的理解，为他从实践活动及社会关系角度理解人和人的本质奠定了基础。此后，在《关于费尔巴哈的提纲》中，马克思强调了实践在人产生各种联系、结成各种社会关系过程中的基础性作用，在确立科学实践观的基础上揭示了人的社会性和历史性，科学地解决了人的本质问题。他认为，费尔巴哈由于不理解社会生活的实践本质，看不到在实践基础上形成的社会关系，因此便只能对人的本质作出抽象的理解。在他看来，社会实践作

---

① 马克思恩格斯文集：第 1 卷 [M]. 北京：人民出版社，2009：342.

② 马克思恩格斯选集：第 1 卷 [M]. 北京：人民出版社，2012：55.

③ 马克思恩格斯选集：第 1 卷 [M]. 北京：人民出版社，2012：57.

④ 陈新夏. 人学与人的发展 [M]. 北京：社会科学文献出版社，2015：19.

为人区别于动物的根本标志，是人和社会得以存在、发展的基础，也是人的最基本的存在方式和活动方式，"人们用以生产自己的生活资料的方式"，不仅是"个人肉体存在的再生产"方式，还是"个人的一定的活动方式"和"生活方式"①。"现实的人"是进行物质生产实践并受到客观的物质生活条件所制约的，正是人在生产实践中所结成的"一切社会关系的总和"②构成了人的现实本质。社会关系自始至终塑造着具体的人，脱离社会的孤立的人是不存在的，超阶级的、抽象的人的本质也是不存在的，对人的理解绝不能离开人的现实生活世界。马克思从社会关系角度对人的本质的界定超越了以往思想家对这一问题的抽象理解，赋予了"现实的人"以崭新的含义。他把"现实的人"的概念建立在唯物史观的基础之上，将全部人类历史赖以存在和发展的现实前提归结为"现实的个人"及其"活动"和"物质生活条件"③，明确了处于一定社会历史关系中的"从事实际活动的人"④是唯物史观的科学前提。"马克思在讲到人的自由全面发展时"所指的人，"是在社会中生活和实践着的个体、群体和类的具体的历史的统一体"⑤。他眼中的人生活在一定社会之中，是现实的、从事实际活动的人，是一种社会历史性的存在。

第二，马克思认为个体和类都是人在现实中的基本存在形态，详细论述了个体和类、个体发展和类的发展及其相互关系。马克思十分注重对人的存在和本质的研究，在他看来，"要分析和理解人的问题，就首先必须分析和理解人的存在和本质"⑥，这是认识人的其他问题的前提和基础。

① 马克思恩格斯选集：第1卷 [M]. 北京：人民出版社，2012：147.

② 马克思恩格斯选集：第1卷 [M]. 北京：人民出版社，2012：135.

③ 马克思恩格斯选集：第1卷 [M]. 北京：人民出版社，2012：146.

④ 马克思恩格斯选集：第1卷 [M]. 北京：人民出版社，2012：152.

⑤ 陈志尚. 人学新探索：来自马克思主义哲学视角的反思 [M]. 北京：北京师范大学出版社，2016：168-169.

⑥ 韩庆祥. 现实逻辑中的人：马克思的人学理论研究 [M]. 北京：北京师范大学出版社，2017：175.

马克思认为，"人"这一概念是一种总称，他在唯物史观的基础上将"现实的人"理解为"在社会中生活和实践着的个体、群体和类的具体的历史的统一体"①。在他看来，"现实的人"既作为个体而存在，又作为类而存在，个体和类都是人在现实中的基本存在形态，两者之间是既对立又统一的矛盾关系。相应的，人的发展既是每个个人的发展，也是整个人类的发展，他在作品中对个体和类、个体发展和类的发展及其相互关系进行了详细论述。一是马克思对个体的内涵及特征进行了具体规定，说明了个体发展所具有的相互依存性。他在《德意志意识形态》中承认了人的个体存在形态，并将全部人类历史赖以存在和发展的现实前提归结为"现实的个人"及其"活动"和"物质生活条件"②。马克思从"现实的个人"出发考察全部人类历史，将人类历史归结为"个人本身力量发展的历史"③，不仅看到了个体是人的一种最为现实和直观的存在形态，还肯定了现实性是个体的特征之一。马克思认为现实的个人"可以用纯粹经验的方法来确认"④，他是在肯定人的现实性的基础上理解"个体"这一概念的，并对其内涵进行了科学的规定。马克思把个体看作现实的存在，提出"个人是从事活动的，进行物质生产的"⑤存在物，能够在"他们进行生产的物质条件"下"表现自己的生命"⑥。在他看来，除了现实性，社会性也是个体所具有的显著特征，处于社会历史之中的个人，"是一种合群的动物"⑦，是一种不同于一般生物个体的社会存在。基于人的现实性和社会性，马克思坚持在社会关系中考察个体的发展，将个体的发展理解为其

---

　　① 陈志尚. 人学新探索：来自马克思主义哲学视角的反思 [M]. 北京：北京师范大学出版社，2016：168–169.
　　② 马克思恩格斯选集：第 1 卷 [M]. 北京：人民出版社，2012：146.
　　③ 马克思恩格斯选集：第 1 卷 [M]. 北京：人民出版社，2012：204.
　　④ 马克思恩格斯选集：第 1 卷 [M]. 北京：人民出版社，2012：146.
　　⑤ 马克思恩格斯选集：第 1 卷 [M]. 北京：人民出版社，2012：151.
　　⑥ 马克思恩格斯选集：第 1 卷 [M]. 北京：人民出版社，2012：147.
　　⑦ 马克思恩格斯选集：第 2 卷 [M]. 北京：人民出版社，2012：684.

"社会化和个性化过程"①。在他看来，个体发展具有相互依存性，个体在其社会化即在接受社会文化、适应社会环境的过程中，总是彼此依赖、相互依存的。个人难以通过个体的力量来满足自身发展的全部需要，只能依附于特定的共同体，在共同体内部彼此依赖、共同进行物质生产。二是马克思分析了作为类而存在的人的类特征，说明了类的发展所具有的社会历史性。马克思认为，"对人的类特性的认识是对人的认识的逻辑出发点"，他"在探索人的问题时，首先就是从谈论人的类特征开始的"②。他在《1844年经济学哲学手稿》中提出了"人是类存在物"③这一命题，强调类作为一个由个体组成的整体，其存在将人与自然界和其他动物区别开来，说明了人之所以为人在于具有人这个"类"的质。以此为基础，马克思站在历史唯物主义的高度具体分析了作为类而存在的人的类特征。一方面，马克思认为无限永恒性是作为类而存在的人所具有的特征之一，这一特征说明了人这个类与自然界和其他动物有何不同。他提出"整个历史也无非是人类本性的不断改变而已"④，强调作为类而存在的人是人的无限永恒的表现形态。另一方面，马克思认为除了无限永恒性，作为类而存在的人的类特征还包括类的共同性，即凡是人都具有人这个"类"的质，人与人之间具有类的共同性。他揭示了"生命活动的性质"包含着"一个种的整体特性"及其"类特性"⑤，并将这种类的共同性归结为活动的自由自觉性。在马克思看来，人的物质生产实践活动决定了类的发展状况和程度，作为类而存在的人是一种社会历史性的存在，其发展具有一定的社

---

① 陈志尚. 人学新论——马克思主义人学基本理论和重大现实问题研究 [M]. 北京：人民出版社，2015：146.

② 韩庆祥. 现实逻辑中的人：马克思的人学理论研究 [M]. 北京：北京师范大学出版社，2017：176，179.

③ 马克思恩格斯选集：第1卷 [M]. 北京：人民出版社，2012：55.

④ 马克思恩格斯选集：第1卷 [M]. 北京：人民出版社，2012：252.

⑤ 马克思恩格斯选集：第1卷 [M]. 北京：人民出版社，2012：56.

会历史性。类的发展强调的是作为类而存在的人从自然压迫和社会压迫中获得解放，是"人的'类特性'和构成社会的'人类'的各种能力的全面而自由的发展"①。三是马克思基于对个体和类、个体发展和类的发展的分析，揭示了个体发展和类的发展之间的辩证统一关系。在他看来，人不仅作为个体而存在，还作为类而存在，人的发展可以从个体和类两个层面进行解读。个体和类之间不仅具有内在的联系，还各有其独特性，按照各自的内在要求呈现自身，处于对立统一的矛盾状态。同样，个体发展和类的发展也具有不同的内涵，两者之间既存在区别，又存在着内在的、不可分割的联系，是辩证统一的关系。一方面，由于个体具有独立的人格和自主的意识，其特殊需要、利益和目的存在着与作为类的整体需要、利益和目的不一致的可能性。因此，个体发展存在着与类的发展相背离的现象，甚至在一定的历史阶段表现为尖锐的对立。另一方面，个体发展与类的发展又互为基础、相互促进。个体隶属于类，类的发展是个体发展的基础。"只有在共同体中，个人才能获得全面发展其才能的手段"②。同样，类以个体为存在基础，个体发展为类的发展提供了保障。正如马克思所预测的那样，未来的理想社会将是自由人的联合体，在那个消灭了阶级和阶级斗争的理想社会里，每个人的才能都将得到充分而自由的发挥，这便是"一切人的自由发展的条件"③。

（二）"现实的人"与社会的统一

马克思认为，"现实的人"作为社会主体，与社会之间具有内在的统一性，两者在人的实践活动的基础上彼此依存、不可分割，脱离社会的人

---

① 陈志尚. 人学新论——马克思主义人学基本理论和重大现实问题研究 [M]. 北京：人民出版社，2015：146.

② 马克思恩格斯选集：第 1 卷 [M]. 北京：人民出版社，2012：199.

③ 马克思恩格斯选集：第 1 卷 [M]. 北京：人民出版社，2012：422.

和脱离人的社会都是不可想象的。

第一，在马克思看来，"现实的人"与社会之间的统一体现在社会是人的社会，人是社会的主体，是社会关系的承担者和创造者。他认为，"现实的人"作为一种社会历史性的存在，属于一定的社会形式，是在一定社会关系中从事具体活动的人。人的本质是自由自觉的活动，这种活动首先表现为人的生产实践活动。为了在实践活动中更好地发挥自身的潜能，增强自身改造自然界的能力，个人会同他人结成一定的社会关系，人类社会的生产力、生产关系、政治制度、社会意识及其相互关系也作为人的实践的产物逐步发展起来。人通过自身有意识的、有目的的实践活动创造了自己的历史和人类社会的历史。同时，社会离不开个人，没有人就无所谓社会，社会既不是独立于人及其活动之外的自足的整体，也不是与个人相对立的抽象物。在马克思看来，"社会也是由人生产的"①，是人的主体活动关系和形式的总和，由人在活动中互相之间发生的社会联系而形成，以个人的活动为实在内容。社会作为"人们交互活动的产物"②，不能由人们自由地进行选择，"社会结构和国家总是从一定的个人的生活过程中产生的"③。人既是社会关系承担者，又是社会关系的创造者，人之所以为人，就在于人在其生产和交往等实践活动中结成了一定的社会关系。社会关系作为人与人之间的各种联系，是人的活动存在和表现的形式，其性质取决于构成这种社会关系的所有个人。社会关系是人的社会关系，只有在人的主体活动中社会关系才得以显现，脱离了人的社会和社会关系是不存在的。

第二，马克思揭示了"现实的人"与社会的统一还体现在社会性是"现实的人"的本质属性，作为社会存在物的"现实的人"是在社会中生

---

① 马克思恩格斯文集：第 1 卷 [M]. 北京：人民出版社，2009：187.
② 马克思恩格斯选集：第 4 卷 [M]. 北京：人民出版社，2012：408.
③ 马克思恩格斯选集：第 1 卷 [M]. 北京：人民出版社，2012：151.

成、活动和发展的人。①一是"现实的人"是在社会中生成的人。马克思认为，人是在一定的社会关系或社会形式中产生或生成的，人的生活以社会生产为基础，人正是在社会生产中不断与社会环境发生关联，从而使自身生成为"现实的人"。他在《德意志意识形态》中揭示了物质生产力状况作为社会环境中的基本要素之一，对人的存在及其活动具有先在的制约性。马克思强调，"生产力、资金和社会交往形式的总和"②是人得以存在的初始前提，这一前提无法由人们自由选择，体现着社会环境对人的根本制约。在他看来，社会关系对人及其存在具有决定性作用，独立于社会之外且不依赖于社会而生成的人是不存在的，"单个的孤立的猎人和渔夫"是一种"虚构"和"假象"③。二是"现实的人"是在社会中从事活动的人。人的自由自觉的活动作为其内在本质力量的外在展示，将人与动物区别开来。在人从事各种活动的过程中，社会为人的活动提供了广阔的空间，人的物质生产活动、交往活动及精神活动等活动都是在社会中进行的。马克思认为，"现实的人"隶属于一定的社会组织，是在一定社会组织中生活的人，"人最初表现为类存在物，部落体，群居动物"④。在他看来，"人的活动是社会性的，社会愈是发展，人的联系愈紧密"⑤。社会为人的各种需要的满足创造了条件，人正是在社会组织中与其他成员形成了普遍的交往关系，建立了良性有序的分工协作的生产关系，从而更好地借助社会组织所拥有的条件和资源对自然界进行改造，不断满足自身的需要。马克思在《雇佣劳动与资本》中指出，人们"只有以一定的方式共同活动和互相交换其活动，才能进行生产"，并且只有在"社会联系和社

---

① 赵华飞. 马克思的"现实的人"概念 [D]. 北京：中共中央党校，2018.

② 马克思恩格斯选集：第 1 卷 [M]. 北京：人民出版社，2012：173.

③ 马克思恩格斯选集：第 2 卷 [M]. 北京：人民出版社，2012：683.

④ 马克思恩格斯选集：第 2 卷 [M]. 北京：人民出版社，2012：749.

⑤ 陈志尚. 人学新论——马克思主义人学基本理论和重大现实问题研究 [M]. 北京：人民出版社，2015：157.

会关系的范围内"，"才会有生产"①。在他看来，不仅人的活动本身要依赖于一定的社会关系，而且人在物质生产实践活动中所使用的生产资料也属于一定的社会关系。正如马克思在《资本论》所说，"各种经济时代的区别"在于"怎样生产，用什么劳动资料生产"，劳动资料"是劳动借以进行的社会关系的指示器"。与诸如桶、罐等"只是充当劳动对象的容器的劳动资料"相比，"机械性的劳动资料"更能够体现"一个社会生产时代的具有决定意义的特征"②。三是人的发展离不开社会，"现实的人"是在社会中获得发展的人。马克思认为，"现实的人"并非处于"虚幻的离群索居和固定不变状态中"③，作为社会存在物，其发展受到来自社会关系的制约，人在社会上的关系在人"有能力决定它们以前就已经在某种程度上开始确立了"④。在他看来，人的发展离不开一定的社会关系，任何个人都不能脱离一定的社会关系而孤立发展。阶级社会中的人"隶属于阶级"，阶级的性质也是属于一定的社会关系和社会形式的，"各个人的社会地位，从而他们个人的发展是由阶级决定的"⑤。马克思的这一观点在他后来的作品《1857—1858年经济学手稿》中也有所体现，他在文中以人的发展程度为标准将个人和社会关系的历史发展过程划分为三大形态，并把人放在历史发展的这三大社会形态中进行具体的考察，说明了"现实的人"的发展是处在社会历史发展过程中的发展，是在一定社会形式中的发展。

（三）人的发展与社会发展的统一

马克思将"现实的人"视为其考察人的发展和社会发展的出发点，不

---

① 马克思恩格斯选集：第1卷 [M]. 北京：人民出版社，2012：340.
② 马克思恩格斯选集：第2卷 [M]. 北京：人民出版社，2012：172.
③ 马克思恩格斯选集：第1卷 [M]. 北京：人民出版社，2012：153.
④ 马克思恩格斯全集：第1卷 [M]. 北京：人民出版社，1995：457.
⑤ 马克思恩格斯选集：第1卷 [M]. 北京：人民出版社，2012：198.

仅从人的实践活动出发对人与社会的关系展开分析，还以人的实践活动为基础，从理论上论证了人的发展与社会发展之间所具有的内在统一性。他认为人与社会在人的实践活动的基础上彼此依存、不可分割，两者之间具有内在的统一性，即一方面社会是人的社会，作为社会主体的人是社会关系的承担者和创造者，另一方面人具有社会性，在社会中生成、活动和发展。同时，在他看来，人的发展与社会发展的互动过程也离不开人的实践活动，人的实践活动是两者相统一的现实基础。两者之间的统一既体现在人的发展是社会发展的目的和归宿，又体现在社会发展承载并决定着人的发展。

第一，马克思认为实践是人的发展与社会发展统一的基础，人的发展与社会发展统一于实践。他将实践与人的发展和社会发展联系起来，在他看来，人的社会实践具有改变环境与人自身的双重意义，人在社会实践中不仅改造了客观世界，也改造了人自身并实现人的发展。人的发展和社会发展是一个双向同步的运动过程，其统一的基础就在于人们的社会实践。一方面，基于人的社会实践活动，"现实的人"以其自身的发展回应了社会发展的要求。"社会越是向前发展，社会生活越具有丰富的内容和多样的联系，就越是要求社会成员发展多样的个性和能力。"[①]而人的能动的实践活动不仅从生物学的意义上促进了人的生理器官的发育，还从社会学的意义上将人与动物区别开来，正是人在生产实践中所结成的"一切社会关系的总和"[②]构成了人的现实本质。另一方面，在他看来，基于人的能动的实践活动，社会发展在客观上为人的发展创造了条件。"从社会有机体的物质基础即社会赖以存在和发展的物质资料的生产方式来看，它既包

---

① 王祥. 马克思社会发展理论生成发展及其价值研究 [M]. 南京：东南大学出版社，2018：45.

② 马克思恩格斯选集：第 1 卷 [M]. 北京：人民出版社，2012：135.

括了社会生产力的发展，也包括了与之相应的社会生产关系的变革。"①
他在《政治经济学批判（1857—1858年手稿）》中肯定了生产力和社会关
系对人的发展的重要意义，提出"生产力和社会关系——这二者是社会个
人的发展的不同方面"②。很显然，生产力和社会关系的发展作为社会发
展的重要方面，是在人的实践活动的基础上实现的。以此为基础，生产力
和社会关系作为社会发展的重要方面得以形成和发展，并在客观上为人的
发展创造了条件。

第二，马克思将人确立为社会发展的历史主体，强调人的发展是社会
发展的目的和归宿。马克思从理解人入手来理解社会的发展，在他看来，
处于一定社会历史关系中的从事实际活动的人，是人的发展和社会发展的
主体。他看到了人在实践活动中展现出的主体力量，认为人是"他们本身
历史的剧中人物和剧作者"③，在生产和交往的实践活动中不断发展。而
社会发展则是人的实践活动的结果，"社会结构和国家总是从一定的个人
的生活过程中产生的"④。基于对社会发展主体的科学认识，马克思针对
私有制条件下社会分工给人的发展带来的消极影响，将人的发展确立为社
会发展的价值取向和目的。在他看来，随着社会形态更替，人也将随之经
历不同的发展阶段。人的发展程度将随着社会的发展进步而逐渐提升，只
有进入共产主义社会，人才能从社会分工和私有制对自身发展的束缚中解
脱出来，"人的发展才不仅表现为社会发展的手段，而且同时又是它的
目的"⑤。马克思指出，在那个不存在社会分工和私有制的共产主义社会

---

① 叶泽雄. 当代社会发展观导论 [M]. 武汉：华中科技大学出版社，2008：159.
② 马克思恩格斯选集：第2卷 [M]. 北京：人民出版社，2012：784.
③ 马克思恩格斯选集：第1卷 [M]. 北京：人民出版社，2012：227.
④ 马克思恩格斯选集：第1卷 [M]. 北京：人民出版社，2012：151.
⑤ 陈志尚. 人学新论——马克思主义人学基本理论和重大现实问题研究 [M]. 北京：
人民出版社，2015：167.

里，人不仅"可以在任何部门内发展"①，还能够与他人建立起普遍的交往，人的社会关系也将在发展程度越来越深的普遍交往中日益全面而丰富，每个人的才能和智慧都能够得到充分和自由的发展。

第三，社会发展是人的发展的历史前提，为人的发展提供了坚实的物质基础。马克思从理解人入手来理解社会的发展，强调人的发展是处在社会历史发展过程中的人的发展，把人放在历史发展的具体进程中进行考察。他将社会历史发展过程依次划分为三个阶段，揭示了不同阶段人的发展的表现形式和本质特征，说明了社会发展是人的发展的历史前提。马克思认为，人的发展不是凭空造就的，而是需要具备一定的物质基础。在他看来，这一基础包括了"每个个人和每一代所遇到的现成的东西：生产力、资金和社会交往形式的总和"②，它们作为社会发展的成果，对人的发展具有基础性的作用。"前一代传给后一代的大量生产力、资金和环境"，预先规定着"新的一代本身的生活条件"③，为现实的人在新的历史条件下的发展提供了物质前提。马克思尤其强调了生产力在人的生存和发展过程中发挥着决定性的作用，对人的发展至关重要。他在致帕维尔·瓦西里耶维奇·安年科夫的信中指出，生产力作为"一种既得的力量"，是人们的"全部历史的基础"，人类历史的形成和人的发展离不开"人们的生产力以及人们的社会关系"的发展状况，"后来的每一代人都得到前一代人已经取得的生产力并当做原料来为自己新的生产服务"④。

二、人的发展的推动力量

不同于以往的哲学家只是抽象地、非历史地、孤立地和片面地研究

---

① 马克思恩格斯选集：第 1 卷 [M]. 北京：人民出版社，2012：165.
② 马克思恩格斯选集：第 1 卷 [M]. 北京：人民出版社，2012：173.
③ 马克思恩格斯选集：第 1 卷 [M]. 北京：人民出版社，2012：172.
④ 马克思恩格斯选集：第 4 卷 [M]. 北京：人民出版社，2012：409.

人，马克思立足于人的劳动实践以及在此基础之上形成的社会关系，将"现实的人"的存在确立为人的发展的首要前提，并具体分析了作为社会主体的"现实的人"与社会之间所具有内在的统一性，说明了人的发展与社会发展相统一。以此为基础，马克思肯定了人的发展并不是凭空发生的，并对其推动力量进行了具体的分析。在他看来，生产力和人的合理需要是人的发展的推动力量，人在生产和交往的实践活动中不断发展。

（一）生产力是推动人的发展的决定力量

马克思在其经济学著作中对生产力这一概念进行了阐释，他不仅在《〈政治经济学批判〉序言》中提出了"物质生产力"①的概念，还在《资本论》中进一步说明了人自身的生产力也是生产力的一个方面。马克思提出，人作为一种"与自然物质相对立"的"自然力"，通过运用自身的"自然力——臂和腿、头和手"来"占有自然物质"，并且当人"通过这种运动作用于他身外的自然并改变自然时，也就同时改变他自身的自然"②。他认为生产力既包括人认识并改造自然的能力，也包括人自身的生产力，即人在认识、改造自然的过程中使自身得以发展的能力。基于上述认识，马克思"将'生产力'内容严格置于人的发展的制约控制之下"③。在他看来，生产力在人的生存和发展过程中发挥着重要作用，是推动人的发展的决定性力量。

第一，他强调生产力的发展是人的发展的基础，为人的发展提供了必要的物质条件。他同恩格斯一致认为，虽然社会发展和人的发展是多种因素相互作用的结果，但"历史过程中的决定性因素归根到底是现实生活

---

① 马克思恩格斯选集：第 2 卷 [M]. 北京：人民出版社，2012：2.
② 马克思恩格斯选集：第 2 卷 [M]. 北京：人民出版社，2012：169.
③ 蒋锦洪. 经济发展中的人本诉求研究 [M]. 上海：上海辞书出版社，2007：117.

的生产和再生产"①。在他们看来，物质资料的生产和再生产既是社会历史的前提，也是人的个体生命存在和发展的基础。他们在具体考察人的社会活动的基础上，提出生产满足"吃喝住穿"所需要的资料是"一切人类生存的第一个前提"②。在这一前提得以满足的基础上所引起的"新的需要"即物质生活资料的再生产，是"第一个历史活动"③，推动着社会和人的发展。而且随着人类社会持续不断地向前发展，人们会运用从过去继承的条件来创造自己的历史，在这些条件中最首要的就是生产力。正如马克思恩格斯所说，"前一代传给后一代的大量生产力、资金和环境"，预先规定着"新的一代本身的生活条件"④，为现实的人在新的历史条件下的发展提供了必要的物质条件。"唯有借助于这些生产力"，才有可能实现"不再有任何对个人生活资料的忧虑"⑤的状态。此外，在他们看来，生产力作为一种社会力量，其形成和保持都离不开人们之间的交往活动，"只有在这些个人的交往和相互联系中才是真正的力量"⑥。换言之，正是由于在交往基础上对生产力的继承、保持和发展，人们才得以逐步摆脱贫困状态，过上"富足的和一天比一天充裕的物质生活"⑦，并在此基础上追求社会和自身的发展。

第二，生产力的发展将改变社会分工所造成的异化现象，将人从繁重的劳动中解放出来。马克思对分工及其在社会历史中的作用进行了具体考察，揭示了资本主义私有制条件下社会分工造成的异化现象。他认为，虽然资本主义的机械化生产和分工推动了生产进步，但却造成了人的社会活

---

① 马克思恩格斯选集：第 4 卷 [M]. 北京：人民出版社，2012：604.
② 马克思恩格斯选集：第 1 卷 [M]. 北京：人民出版社，2012：158.
③ 马克思恩格斯选集：第 1 卷 [M]. 北京：人民出版社，2012：159.
④ 马克思恩格斯选集：第 1 卷 [M]. 北京：人民出版社，2012：172.
⑤ 马克思恩格斯选集：第 3 卷 [M]. 北京：人民出版社，2012：492.
⑥ 马克思恩格斯选集：第 1 卷 [M]. 北京：人民出版社，2012：208.
⑦ 马克思恩格斯选集：第 3 卷 [M]. 北京：人民出版社，2012：670.

动的固定化，使人被单一的生产活动所固定，无法超出"强加于他的"活动范围。人本身的活动也"成为一种异己的、同他对立的力量"①压迫着人。同时，私有制条件下的分工还造成了人与人之间的对立，大部分人生存和发展的权利被生产资料的占有者所掌控，人陷入了片面发展的状态之中。在这种情况下，人的劳动繁重且缺乏自主性，只具有维持生存的手段的意义。正如马克思所说，劳动"只能用摧残生命的方式来维持他们的生命"②。面对这一现实状况，马克思强调生产力的发展将改变社会分工所造成的异化现象，提出"只有交往和生产力已经发展到这样普遍的程度，以致私有制和分工变成了它们的桎梏的时候，分工才会消灭"③。在他看来，生产力的发展不仅能够提高人们的劳动效率，还将改善人的劳动环境，使人从繁重的劳动中解放出来，"不再从事那种可以让物来替人从事的劳动"④。此时，"同各个人向完全的个人的发展以及一切自发性的消除相适应"⑤，人的活动将超越生存的需要、摆脱分工的限制，成为自由自觉的活动。

第三，生产力的发展对人的发展的推动作用还包括科学技术的作用。"'科学技术是生产力'是马克思恩格斯历来的观点"，也是"马克思主义理论体系的重要组成部分"⑥。马克思在其著作中多次提及这一思想，肯定了科学技术是一种在生产实践中发挥重要作用的社会生产力。他提出，"在固定资本中"表现为资本固有属性的"劳动的社会生产力"包括

---

① 马克思恩格斯选集：第1卷 [M]. 北京：人民出版社，2012：165.
② 马克思恩格斯选集：第1卷 [M]. 北京：人民出版社，2012：209.
③ 马克思恩格斯全集：第3卷 [M]. 北京：人民出版社，1960：516.
④ 马克思恩格斯文集：第8卷 [M]. 北京：人民出版社，2009：69.
⑤ 马克思恩格斯选集：第1卷 [M]. 北京：人民出版社，2012：210.
⑥ 秦书生. 马克思恩格斯科学技术思想及其中国化研究 [M]. 沈阳：东北大学出版社，2016：11.

了"科学的力量"①；"科学的发展水平和它在工艺上应用的程度"②，是决定劳动生产力的其中一个因素；"劳动生产力是随着科学和技术的不断进步而不断发展的"③。基于"科学技术是生产力"这一科学认识，马克思说明了科学技术在社会历史发展和人的发展过程中具有重要作用，其发展进步推动了生产工具和生产方式的变革。他提出，"随着新生产力的获得，人们改变自己的生产方式"④；"没有蒸汽机和珍妮走锭精纺机就不能消灭奴隶制"⑤。正是由于在工业生产过程中科学力量的应用，才改变了人的劳动内容和劳动方式，促进了社会的发展和人的体力、智力的发展。此外，马克思还注意到，随着科学技术的发展进步，现代化的生产设备逐渐在生产过程中发挥重要作用，人的生产效率得以提高，"整个社会只需用较少的劳动时间就能占有并保持普遍财富"⑥。在这种情况下，人将从繁重的劳动中解放出来，其为维持生存所必需的劳动时间将被缩短。而在他看来，这意味着"使个人得到充分发展的时间"⑦的增加，即"在必要劳动时间之外为整个社会和社会的每个成员创造大量可以自由支配的时间"⑧。从这个意义上看，科学技术的应用和发展为人的发展提供了更为充足的自由时间来自主支配，从而有利于人们将时间用于发展自身的爱好和能力，使人在生产劳动之外的其他方面的发展成为可能。

（二）人在生产和交往的实践活动中不断发展

马克思十分强调实践在人产生各种联系、结成各种社会关系过程中

① 马克思恩格斯选集：第 2 卷 [M]. 北京：人民出版社，2012：792.
② 马克思恩格斯选集：第 2 卷 [M]. 北京：人民出版社，2012：100.
③ 马克思恩格斯选集：第 2 卷 [M]. 北京：人民出版社，2012：271.
④ 马克思恩格斯选集：第 1 卷 [M]. 北京：人民出版社，2012：222.
⑤ 马克思恩格斯选集：第 1 卷 [M]. 北京：人民出版社，2012：154.
⑥ 马克思恩格斯文集：第 8 卷 [M]. 北京：人民出版社，2009：69.
⑦ 马克思恩格斯选集：第 2 卷 [M]. 北京：人民出版社，2012：790.
⑧ 马克思恩格斯选集：第 2 卷 [M]. 北京：人民出版社，2012：786.

的基础性作用，他基于科学的实践观说明了人的社会性和历史性，解决了人的本质问题。在他看来，"现实的人"是在一定社会关系中从事具体实践活动的人，人通过自身有意识的、有目的的实践活动创造了自己的历史和人类社会的历史。这种活动不仅包括人能动地改造外部自然环境的生产劳动，也包括人们之间所进行的交往活动。正是在人们的生产和交往活动中，人类社会的生产力、生产关系、政治制度和社会意识作为实践的产物逐步发展起来，人改造自然界的能力逐渐提升，人的社会关系日益丰富，自身生存和发展的需要得以满足。因此，人是在生产和交往的实践活动中不断发展的。

第一，马克思注意到生产和交往是实践活动不可分割的两个方面，分析了生产和交往之间的相互关系。马克思把实践理解为生产与交往的辩证统一，从实践活动层面来理解人的社会性本质和人的发展。在他看来，生产和交往是分别以物和人为对象的实践活动，二者不可分割、互为前提。①一方面，交往对生产具有一定的从属性和依赖性。马克思恩格斯认为，物质生产活动对人的存在和发展具有基础性意义，人们之间的交往需要和交往关系是在物质生产活动中产生的，物质生产的发展不仅推动了分工的发展，还使劳动主体之间的交往手段不断革新，产品交换范围逐步扩展。而且随着物质生产的发展和扩大，人们之间的交往手段和交往方式也相应地发生着变化。正如马克思论及"公社和以公社为基础的所有制解体的原因"时所说的那样，"在再生产的行为本身中"，生产者也"通过生产而发展和改造着自身"，"造成新的交往方式"②。另一方面，马克思认为，生产是在一定的交往关系中进行的，以人们之间的交往为前提。他指出人们"只有以一定的方式共同活动和互相交换其活动，才能进行生

---

① 郑召利，杨林林. 生产、交往与人的发展 [J]. 教学与研究，2003（01）：45-49.
② 马克思恩格斯选集：第 2 卷 [M]. 北京：人民出版社，2012：747.

产"①。而且随着人们之间交往的扩大，物质生产也随之发展。正如马克思在《德意志意识形态》中论及织布业，即"最早的"而且"一直是最主要的工场手工业"时所说的那样，织布业便是"由于交往的扩大才获得了动力并得到进一步发展的第一种劳动"②。在他看来，交往的发展和扩大又反作用于物质生产，正是由于交往逐渐扩大带来的衣着需求推动了织布业在数量和质量上的发展。

第二，马克思分析了交往的历史形式，阐明了交往形式的历史演进和人的发展的历史过程是一致的。如前文所述，马克思从历史演进的尺度把握人的发展问题，把人放到历史发展的三大社会形态之中进行考察。在他看来，人的发展是处在社会历史发展过程中的人的发展，同样，一切交往形式作为社会历史的产物也具有历史性，交往形式的历史演进和人的发展的历史过程是一致的。马克思对此进行了科学的阐释：一是他认为在前资本主义社会，由于生产力水平十分低下，个人只能依附于特定的共同体，在共同体内部与他人共同进行物质生产。"个人或者自然地或历史地扩大为家庭和氏族（以后是共同体）的个人"，"而他和别人的关系也是这样决定的"③。此时，人是作为共同体成员进行交往的，其交往局限于共同体内部，交往形式以共同体内部交往为主。在这种交往形式下，人的社会关系是相对贫乏和单一的，人的发展表现为人对共同体的依附。二是在资本主义社会，虽然生产力的发展极大地拓展了人们之间的社会联系和交往的空间，但这种交往是以交换价值为媒介的。"在交换价值上，人的社会关系转化为物的社会关系"，人们之间的相互联系"表现为对他们本身来说是异己的、独立的东西"④。此时的交往形式以物的依赖性为基础，在

① 马克思恩格斯选集：第 1 卷 [M]. 北京：人民出版社，2012：340.
② 马克思恩格斯选集：第 1 卷 [M]. 北京：人民出版社，2012：188.
③ 马克思恩格斯文集：第 8 卷 [M]. 北京：人民出版社，2009：51.
④ 马克思恩格斯文集：第 8 卷 [M]. 北京：人民出版社，2009：51.

这种交往形式下，人的发展获得了相对独立性的外观。三是在共产主义社会，社会生产力极大发展，人从"人"和"物"的双重依附中解脱出来，成为社会的主人。正如马克思所说，任何人"都可以在任何部门内发展"①，"各个人在自己的联合中并通过这种联合获得自己的自由"②。此时，人们实现了对社会关系的自由占有，其交往形式是自觉联合起来的个人之间的自由交往。在这种交往形式下，人的发展表现为人的全面发展和个性的自由发展。

第三，马克思说明了交往为人的发展创造了一定的客观条件。③他认为生产力和社会关系在人的发展过程中扮演着重要的角色，并在《政治经济学批判（1857—1858年手稿）》中提出"生产力和社会关系——这二者是社会个人的发展的不同方面"④。在他看来，生产力和社会关系的发展离不开交往所发挥的推动作用，交往正是通过促进生产力和社会关系的发展，从而为人的发展创造了一定的客观条件。一方面，交往通过推动生产力的发展为人的发展提供物质条件。马克思认为，生产力作为一种社会力量，其形成和保持离不开人们之间的交往活动。正如他在《德意志意识形态》所说，"各个人——他们的力量就是生产力"，"这些力量只有在这些个人的交往和相互联系中才是真正的力量"⑤。另一方面，马克思认为，交往还通过推动社会关系的发展，为人的发展提供社会条件。社会关系在现实社会中是以社会制度的形式出现的，社会制度为人的发展提供了既定的历史框架。马克思看到了私有制条件下人的发展是畸形的、片面的，强调只有在共产主义社会"个人才能获得全面发展其才能的手段"，

① 马克思恩格斯选集：第1卷 [M]. 北京：人民出版社，2012：165.
② 马克思恩格斯选集：第1卷 [M]. 北京：人民出版社，2012：199.
③ 刘明合. 交往与人的发展：基于马克思主义的视角 [M]. 北京：中央编译出版社，2008：37-45.
④ 马克思恩格斯选集：第2卷 [M]. 北京：人民出版社，2012：784.
⑤ 马克思恩格斯选集：第1卷 [M]. 北京：人民出版社，2012：208.

才能"在自己的联合中并通过这种联合获得自己的自由"①。社会制度赋予了人的发展以特定的历史内涵，其形成和发展离不开人们之间的交往活动。正如恩格斯所说，"生产以及随生产而来的产品交换是一切社会制度的基础"②。人们之间的交往正是通过促进生产力和社会关系的发展，为人的发展创造了物质和社会条件。

（三）人的合理需要推动着人的发展

马克思非常注重从需要视角来考察人的发展问题，认为"生产物质生活本身"即生产满足人们生存和发展所需要的物质生活资料，是"一切历史的基本条件"③，强调"需要"这一历史唯物主义范畴与人的发展之间具有十分密切的联系。然而，"需要本身也存在着评价问题"，只有"人的合理需要"才"对人的发展具有积极的作用"④。马克思在分析合理需要和需要的异化这两个范畴的基础上，肯定了人的合理需要推动着人的发展。他科学分析了需要的异化的表现和合理需要的内涵，具体说明了其与人的自由而全面的发展之间的关系。

第一，马克思看到了资本主义私有制条件下人的需要的异化，并对需要的异化的表现进行了科学分析。在《德意志意识形态》中，马克思明确了处于一定社会历史关系中的"从事实际活动的人"⑤是唯物史观的科学前提，并对人的社会活动进行了具体考察。他指出生产满足"吃喝住穿"所需要的资料是"一切人类生存的第一个前提"⑥，在这一需要得到满足的基础上引起的"新的需要"即物质生活资料的再生产，是"第一个历史

---

① 马克思恩格斯选集：第 1 卷 [M]. 北京：人民出版社，2012：199.
② 马克思恩格斯选集：第 3 卷 [M]. 北京：人民出版社，2012：797.
③ 马克思恩格斯选集：第 1 卷 [M]. 北京：人民出版社，2012：158.
④ 赵长太. 马克思的需要理论及其当代意义 [M]. 郑州：河南人民出版社，2008：158.
⑤ 马克思恩格斯选集：第 1 卷 [M]. 北京：人民出版社，2012：152.
⑥ 马克思恩格斯选集：第 1 卷 [M]. 北京：人民出版社，2012：158.

活动"①，推动着人类社会持续不断地向前发展。在他看来，人的需要的满足离不开人的各种生产实践活动，正是通过这些活动，人的各种自然需要和社会需要才得到了扩展和满足。然而，劳动在私有制条件下却呈现出了异化的状态，即人的劳动并非出于自愿，而是"被迫的强制劳动"②。正是由于劳动的异化，不仅工人在劳动中丧失了自己，以至于他个人的生命都成为"转过来反对他自身的活动"③，而且依赖于人的劳动实践而得以满足的人的需要也相应地发生了异化。正如马克思所揭示的那样，"我们已经看到，在社会主义的前提下，人的需要的丰富性具有什么样的意义"，"而在私有制范围内，这一切却具有相反的意义"④。他深入分析了需要的异化的表现，认为资本主义私有制条件下工人的需要被简化为"维持最必需的、最悲惨的肉体生活"，工人成了"没有感觉和没有需要的存在物"⑤，人的发展受到了极大的限制。

第二，马克思认为只有合理需要才能真正推动人的发展，并对合理需要的内涵进行了科学分析。马克思从人类社会历史的角度来看待需要的合理性问题，在《雇佣劳动与资本》中明确提出，由于需要"是由社会产生的"，"具有社会性质"，"因此，我们在衡量需要和享受时是以社会为尺度"⑥。以此为出发点，马克思具体分析了合理需要的内涵。一是他认为合理需要是符合"现实的人"的规定性的需要。作为一种社会历史性的存在，"现实的人"是生活在一定社会之中、从事实际活动的人。历史是为了"使'人作为人'的需要成为需要而作准备的"⑦，合理需要要符合

---

① 马克思恩格斯选集：第 1 卷 [M]. 北京：人民出版社，2012：159.
② 马克思恩格斯选集：第 1 卷 [M]. 北京：人民出版社，2012：54.
③ 马克思恩格斯选集：第 1 卷 [M]. 北京：人民出版社，2012：55.
④ 马克思恩格斯文集：第 1 卷 [M]. 北京：人民出版社，2009：223.
⑤ 马克思恩格斯文集：第 1 卷 [M]. 北京：人民出版社，2009：226.
⑥ 马克思恩格斯选集：第 1 卷 [M]. 北京：人民出版社，2012：345.
⑦ 马克思恩格斯文集：第 1 卷 [M]. 北京：人民出版社，2009：194.

"现实的人"的规定性，真正满足其生存发展需求。二是合理需要是与社会生产力的发展水平相适应的需要。同为马克思主义创始人的恩格斯是从社会生产力角度来阐释需要的合理性问题的。他提出在未来的共产主义社会，生产力的持续发展"足以保证每个人的一切合理的需要在越来越大的程度上得到满足"①。在他看来，超出社会生产力发展水平的需要是脱离现实的。三是合理需要是以人的生产实践活动为基础，并通过这一活动来实现的需要。马克思强调，劳动作为一种创造性的活动，是人区别于动物的根本特征。人的需要的产生和满足离不开人的生产实践活动，正是通过这一活动，人作为需要主体与所需要的对象之间的矛盾才能得以解决。

第三，马克思具体说明了合理需要与人的发展之间的关系，强调人的发展要克服需要的异化。在他看来，合理需要与人的发展之间的关系具体体现在：一方面，满足人合理需要的生产实践活动是促进人的发展的根本途径。马克思认为，人是活动的、实践的存在物，人的合理需要的满足是通过人的生产实践活动实现的，人正是通过实践活动改造自然，满足自身的生存和发展需要。然而，对于某种已经获得的需要，人并不会就此满足。新的需要作为人们开展生产实践活动的内在驱动因素，给人的更具创造性的活动以新的动力，引导和规范着活动的方向。如此循环往复，不断地推动人的发展。可以说，正是通过满足其合理需要的实践活动，人的创造性和主体性得以凸显，人的世界日益丰富多彩，人和社会不断向前发展。另一方面，合理需要与人的发展之间的关系还体现在：人的合理需要作为人的发展的内在动力，推动着人的发展。马克思认为，在资本主义私有制条件下，异化的劳动只能满足人的动物般的肉体欲望的需要，人们更关注的是可以实现财富增值的劳动产品，而不是实现人的发展的劳动过程。在他看来，不同于私有制条件下人的需要的异化对人的发展的限制，

---

① 马克思恩格斯选集：第 3 卷 [M]．北京：人民出版社，2012：724．

人的合理需要对人的发展发挥着积极的推动作用。人的发展要克服需要的异化，这一愿望只有通过社会主义革命消灭私有制和分工才能实现。

三、人的发展的价值目标

马克思认为，每个人的自由而全面的发展既是人类社会的理想追求，也是人本身所渴望达到的发展状态，只有在共产主义社会才能基本实现。然而，"现实的人"作为发展的主体，其实现自由发展和全面发展的过程并不是一帆风顺、一蹴而就的。从总体上看，人的发展是一个从渐进的量的累积到质的飞跃的过程，是人的发展与社会发展逐渐适应的过程，是一个人的发展的不自由性和片面性逐渐减少，自由性和全面性逐渐增长的过程。在这一过程中，人得以逐步摆脱资本主义社会关系对其发展的束缚，实现自由而全面的发展。

（一）摆脱资本主义社会关系对人的发展的束缚

马克思认为，人的发展的实现不仅需要高度发展的生产力，还需要普遍的、合理的社会关系。"生产力和社会关系"作为"社会个人的发展的不同方面"[①]，往往交互在一起共同制约人的发展。其中，包括科学技术在内的生产力的发展为人的发展提供了必要的物质条件，将改变社会分工所造成的异化现象。而社会关系则以生产力为基础，正如马克思所说，"首先必须使生产力的充分发展成为生产条件"，才能实现人的"现实联系和观念联系的全面性"。在他看来，正是人在生产实践中所结成的社会关系构成了人的现实本质，"个人的全面性"就在于"他的现实关系和观念关系的全面性"[②]。社会关系影响着人对生产力发展所创造的条件的占

---

① 马克思恩格斯选集：第 2 卷 [M]. 北京：人民出版社，2012：784.
② 马克思恩格斯文集：第 8 卷 [M]. 北京：人民出版社，2009：172.

有程度，从而影响着人的发展的性质和方向，摆脱资本主义社会关系对人的发展的束缚是人的发展的价值目标。

第一，人是社会关系的主体，人的发展要建立在一定社会关系的基础之上。一方面，人是社会关系创造者。社会关系作为人与人之间的各种联系，是人以一定的结构形式联结而成的有机系统，包括了与人的生存发展相联系的一切社会历史关系。社会关系是在人的实践活动中展开的，个人在实践活动中为了增强改造自然界的能力，会同他人结成一定的社会关系，一定的社会关系"是人们生产出来的"[①]。另一方面，人又是社会关系的承担者。社会关系是人的活动存在和表现的形式，其性质取决于构成这种社会关系的所有个人。实践在人产生各种联系、结成各种社会关系的过程中发挥着基础性的作用，人的生产和交往的实践活动促进了人的社会关系的形成和发展。只有在人的具体的实践活动中，社会关系才得以显现，脱离了人的社会和社会关系是不存在的。同样，人作为一种社会关系的存在物，其社会角色受到来自社会关系的制约。现实的人是在一定的社会关系中从事着具体活动的人，只能在特定的历史条件下与现实的关系中发展自己。社会关系自始至终塑造着具体的人，"实际上决定着一个人能够发展到什么程度"[②]。人的现实本质存在于自身的社会关系之中，正是人在实践活动中所结成的"一切社会关系的总和"[③]构成了人的现实本质，这一本质从根本上规定了人的发展要建立在一定社会关系的基础之上。此外，在他看来，生产关系是人的社会关系中最主要、最基本的方面，其"总合起来就构成所谓社会关系"[④]。生产关系是人在以生产劳动的方式从自然界获取生活资料的过程中产生的，既具有人的生存意义，又

① 马克思恩格斯选集：第 1 卷 [M]．北京：人民出版社，2012：222.
② 马克思恩格斯全集：第 3 卷 [M]．北京：人民出版社，1960：295.
③ 马克思恩格斯选集：第 1 卷 [M]．北京：人民出版社，2012：135.
④ 马克思恩格斯选集：第 1 卷 [M]．北京：人民出版社，2012：340.

具有一定的经济意义。生产关系与人们的"物质生产力的一定发展阶段相适合",其总和构成了"社会的经济结构"①。生产关系在制约人的发展的社会条件中至关重要,作为社会关系的基础,生产关系具体"体现在生产资料所有制方面","预先决定人们在生产中的地位和社会产品的分配,同时也决定人们在社会中的地位"②。

　　第二,他揭示了资本主义社会关系对人的发展的束缚,强调摆脱资本主义社会关系对人的发展的束缚是人的发展的价值目标。他认为资本主义社会人的发展具有两重性,一方面,资产阶级在推动社会进步和人的发展方面发挥了革命作用。这一作用既体现在:从封建社会内部产生的资产阶级解放了在封建所有制关系束缚下的生产力,为社会和人的发展创造了一定的物质前提;同时,资产阶级的革命作用还体现在:作为"生产方式和交换方式的一系列变革的产物"③,资产阶级在变革生产工具、生产关系和全部社会关系的过程中,用资本主义的关系代替了"一切封建的、宗法的和田园诗般的关系"④,使各个国家、各个民族之间的经济文化联系和人与人之间的社会联系更加紧密。然而另一方面,资本主义社会把工人作为创造剩余价值的手段,只对其某一局部的才能进行了有限的发展。分工和机器不仅没有使工人阶级受压迫和剥削的状况得以改善,反而变成了统治和剥削他们的手段。正如马克思恩格斯所说,"工场手工业把一种手艺分成各种局部操作",从而使工人"一生束缚于一定的局部职能和一定的工具"⑤;"工人变成了机器的单纯的附属品"⑥,"终生专门服侍一

① 马克思恩格斯选集:第 2 卷 [M]. 北京:人民出版社,2012:2.
② 瞿铁鹏. 马克思社会研究方法论 [M]. 上海:上海人民出版社,1991:71.
③ 马克思恩格斯选集:第 1 卷 [M]. 北京:人民出版社,2012:402.
④ 马克思恩格斯选集:第 1 卷 [M]. 北京:人民出版社,2012:402-403.
⑤ 马克思恩格斯选集:第 3 卷 [M]. 北京:人民出版社,2012:679
⑥ 马克思恩格斯选集:第 1 卷 [M]. 北京:人民出版社,2012:407.

台局部机器"①。此外，在马克思看来，虽然资本主义生产的日益社会化扩大和加强了人们之间的社会联系，创造了"迄今为止最发达的社会关系"②，但生产资料的私人占有却使人无法驾驭自身的社会关系，物的增长优先于人的发展，"人们的社会关系是以物的形式体现出来"③，作为一种外在的限制强加于人，是一种少数人压迫多数人的不平等的社会关系。基于上述分析，他将摆脱资本主义社会关系对人的发展的束缚确立为人的发展的价值目标，强调只有通过社会关系的变革消灭私有制，摧毁资本主义的生产方式，使社会自觉地调节生产，才能将人从不合理的社会关系的束缚中解放出来，实现人的自由而全面的发展。

（二）实现人的自由而全面的发展

马克思认为"现实的人"既作为个体而存在，又作为类而存在，肯定了个体和类都是人在现实中的基本存在形态。他眼中的人包括"个人、集体、社会或人类等多种不同的形式"，"是类与个体、社会与个人的统一"④。基于对人作为类存在物和个体存在物的发展的分析，马克思揭示了个体发展和类的发展的内在统一性。此外，在他看来，人的自由发展与全面发展具有同样的目标意义，人的自由是实践基础上主客体的不断统一，人的全面发展在于其本质力量的全面发展，人的发展是人的自由发展和全面发展的统一。

第一，马克思从类和个人相统一的角度阐释了人的自由，以人的实践活动为基础对人的自由作出了具体的规定。他眼中的自由是人的发展的理想目标，人的自由是由人类自由和个人自由两个方面共同构成的。

---

① 马克思恩格斯选集：第 2 卷 [M]. 北京：人民出版社，2012：226.
② 马克思恩格斯选集：第 2 卷 [M]. 北京：人民出版社，2012：684.
③ 瞿铁鹏. 马克思社会研究方法论 [M]. 上海：上海人民出版社，1991：74.
④ 袁贵仁. 马克思主义人学理论研究 [M]. 北京：北京师范大学出版社，2017：266.

一方面，人的自由指的是人类的自由。他在《1844年经济学哲学手稿》中将"自由"确定为人的类本质的一种重要属性。此后，在《共产党宣言》中，他不仅揭示了人的自由受制于一定的社会环境和生产关系，提出"在现今的资产阶级生产关系的范围内，所谓自由就是自由贸易、自由买卖"①；还预测了在未来共产主义社会，"每个人的自由发展是一切人的自由发展的条件"②，这里他所提及的"一切人的自由"指的正是整个人类的自由。另一方面，马克思认为，人的自由也是表现于个体的现实生活中的个人自由。如上文所述，马克思所提及的"每个人的自由发展"强调的便是个人自由。此外，他还以人的发展程度为标准，把个人和社会关系的发展过程划分为三大形态。其中，他将未来共产主义社会中人的发展的表现形式或本质特征描述为人的全面发展，再次谈及了关于个人自由的问题。在他看来，人类自由和个人自由相互联结。其中，个人自由是人类自由的基础，人类自由是个人自由的归宿，"只有在共同体中才可能有个人自由"③。他不仅从类和个人相统一的角度阐释了人的自由，还与恩格斯一同以人的实践活动为基础，对人的自由作出了具体的规定。在《反杜林论》中，恩格斯肯定了黑格尔对人的"意志自由"的理解，认为黑格尔"自由是对必然的认识"这一观点是对"自由和必然之间的关系"④的正确叙述。在此基础上，恩格斯提出自由"在于根据对自然界的必然性的认识来支配我们自己和外部自然"⑤。在他看来，必然构成了对人的自由的限制和约束，正是由于存在着必然对人的活动的制约，人才能产生追求自由的渴望，人争取自由的活动才具有价值和意义。离开了必然对人的自由

---

① 马克思恩格斯选集：第1卷 [M]．北京：人民出版社，2012：416．
② 马克思恩格斯选集：第1卷 [M]．北京：人民出版社，2012：422．
③ 马克思恩格斯选集：第1卷 [M]．北京：人民出版社，2012：199．
④ 马克思恩格斯选集：第3卷 [M]．北京：人民出版社，2012：491．
⑤ 马克思恩格斯选集：第3卷 [M]．北京：人民出版社，2012：492．

的限制和约束，就无所谓自由不自由。①换言之，自由就是作为主体的人在认识必然的基础上，通过能动的实践活动对必然的认识和改造，是人在认识和改造过程中所呈现出来的一种自主的活动状态。在马克思恩格斯看来，实践作为沟通主观与客观之间的中介，是实现人的自由的途径和根据。只有以此为基础，人才能摆脱来自外界和自身的束缚，实现对必然的认识和对世界的改造，才能获得自由。而且随着生产力的发展和人的实践活动在深度和广度上的拓展，作为"历史发展的产物"②的自由也会经历从低到高的发展过程。人的自由是人通过自身包括物质生产实践和精神文化实践在内的实践活动而生成的，离不开人的能动的实践活动。

第二，马克思将人的全面发展与人的本质规定相联系，说明了人的全面发展在于其本质力量的全面发展。马克思所谓的人的全面发展，是他在全面剖析资本主义社会及其条件下人的发展状况的基础上提出的。他肯定了资产阶级在历史上的革命作用，认为资产阶级所创造的巨大的社会生产力推动了社会的进步和人的发展。然而，他同时也看到，资本主义生产方式以最大限度地生产剩余价值为唯一目的，把工人当作创造剩余价值的手段。机器和分工的推广只是有限制地发展了他们某一局部的才能，并没有从根本上改善工人阶级受压迫和剥削的状况。正如马克思所说，"工场手工业把工人变成畸形物"，个体成为"某种局部劳动的自动的工具"③。因此，不同于人的全面发展要求"人不是在某一种规定性上再生产自己，而是生产出他的全面性"④，资本主义私有制条件下的人的发展是畸形的、片面的。他认为人的发展是人的根本的东西，即人的本质力量的发展。他将人的全面发展与人的本质规定相联系，根据自己对人性的概

---

① 林剑. 马克思自由观的再解读 [J]. 天津社会科学，2003（06）：32-35.
② 马克思恩格斯选集：第 3 卷 [M]. 北京：人民出版社，2012：492.
③ 马克思恩格斯文集：第 5 卷 [M]. 北京：人民出版社，2009：417.
④ 马克思恩格斯选集：第 2 卷 [M]. 北京：人民出版社，2012：739.

括和对人的类特性及人的本质的科学论断，将其理解为：一是关于人的劳动能力的全面发展。他认为人的劳动能力作为人在劳动过程中展现出的一种客观物质力量，是存在于"一个人的身体"中，"每当他生产某种使用价值时就运用的体力和智力的总和"①。这一力量不仅使人的社会性本质得以确证，还表现为人的劳动生产力。他在《资本论》中提出，劳动生产力既包括"个人生产力"，也包括在"结合劳动"过程中创造的"集体力"②。此外，马克思还具体分析了劳动生产力的主要来源，即人们在劳动过程中所使用的诸如风力、水力等自然界的自然力，以及通过分工协作而形成的社会劳动的自然力，和人自身的"自然力——臂和腿、头和手"③。在他看来，这三种自然力作为生产力的重要来源，它们在生产过程中被开发和利用的程度决定了生产力的发展水平，而生产力的发展正是人的本质力量的发展的重要表现。二是关于人的社会关系的全面发展。他认为人的社会关系是人的劳动实践活动的展开，其全面丰富意味着个人通过参与各个领域、各个层次的社会交往，形成了丰富的社会联系。他在《1857—1858年经济学手稿》中谈及未来共产主义社会人的全面发展问题时，不仅强调了社会交往在人的发展中的重要作用，提出交往的普遍性"是个人全面发展的可能性"④的基础。同时，他还强调了人的全面发展对人的社会关系的依赖性。在他看来，随着人在社会中积极建立并拓展自己全面丰富的社会关系，自身也将朝着符合社会发展的方向，实现自由而全面的发展。三是关于人的个性的全面发展。他在《共产党宣言》中以个性发展为尺度对私有制进行了尖锐批判，指出"在资产阶级社会里，资本具有独立性和个性，而活动着的个人却没有独立性和个性"⑤。在他看

---

① 马克思恩格斯选集：第2卷 [M]. 北京：人民出版社，2012：164.
② 马克思恩格斯选集：第2卷 [M]. 北京：人民出版社，2012：207.
③ 马克思恩格斯选集：第2卷 [M]. 北京：人民出版社，2012：169.
④ 马克思恩格斯文集：第8卷 [M]. 北京：人民出版社，2009：171.
⑤ 马克思恩格斯选集：第1卷 [M]. 北京：人民出版社，2012：415.

来，只有在未来共产主义社会，才能完成"有个性的个人"对"偶然的个人"①的代替，使个人得以保持着对社会关系的自主性和自己与他人所不同的独特性，从而在社会生活领域实现个性的全面发展。

第三，人的自由发展与全面发展具有同样的目标意义，实现人的自由而全面的发展是其发展的价值目标和社会发展的最终目的。虽然人的自由发展与全面发展在内涵上有所差别，但地位是同等的，两者之间有着密不可分的内在联系。一方面，人的自由发展是人的全面发展的前提和保证。通过对资本主义社会及其条件下人的发展状况的全面剖析，马克思肯定了资产阶级所创造的巨大的社会生产力为社会的发展和人的生存、发展提供了物质前提，在一定程度上促进了社会的进步和人的发展。但同时，他也看到资本主义社会仍然处于资本的统治之下，普遍存在着异化现象。与少数能够享有自由的人相比，大多数人仍然受到资本的统治和束缚，无法自由地支配自身。而"一个人只有在成为自身的主人"，"才有可能根据自己的兴趣、爱好、特长和社会的需要去发展自己"②，人的劳动能力、社会关系和个性才拥有全面发展的可能性。他在《1857—1858年经济学手稿》中从人的发展角度对未来共产主义社会的根本特点进行了预测，从中也揭示了人的自由发展作为人的全面发展的前提和保证，更具有现实性和必要性。另一方面，人的全面发展也是人的自由发展的重要条件。马克思将人的全面发展与其本质规定相联系，把人的全面发展理解为人的劳动能力、社会关系和个性的全面发展，这三个方面的发展从不同角度为实现人的自由发展创造了条件。其中，人的劳动能力是在劳动实践的过程中得以形成和发展的，随着人的劳动能力的发展和实践活动在深度和广度上的拓展，人能够更好地摆脱外部世界与自身本能的限制和束缚，在认识必然的

①马克思恩格斯选集：第1卷[M]. 北京：人民出版社，2012：203.
②陈志尚. 人学新论——马克思主义人学基本理论和重大现实问题研究[M]. 北京：人民出版社，2015：190.

基础上，通过能动的实践活动实现对必然的改造。人的社会关系作为人的劳动实践活动的展开，其全面丰富意味着个人通过参与社会交往形成了丰富的社会关系。而人的自由发展的实现离不开对普遍交往的社会关系的占有，只有在社会关系中，人才能彻底展现其本质，实现自身的自由发展。人的个性的全面发展是人作为社会活动主体与他人相比所具有的独特性和自主性的发展，这两方面的发展能够使人在认识和改造必然的过程中，更好地呈现出自主的活动状态，为人的自由发展奠定基础。因此，人的全面发展是人的自由发展的重要条件，要使人真正成为自由发展的人，其劳动能力、社会关系和个性的发展就必须要达到一定的全面性程度，并且其发展的全面性程度越高，自由发展的条件也就越充分。马克思始终将人的自由发展和人的全面发展视为是一个不可分割的有机整体。在他看来，人的自由而全面的发展包含着自由发展和全面发展这两个相互区别又相互联系的层面，二者互为基础、缺一不可。人的发展是自由发展和全面发展的统一，摆脱资本主义社会关系对其发展的束缚，实现自由而全面的发展是人的发展的价值目标。

四、实现人的自由而全面的发展的条件

在马克思看来，实现人的自由而全面的发展是有条件的。他在不同时期的不同作品中谈及了这一问题，肯定了社会所有制取代私人所有制、"自觉分工"取代旧式分工、自由时间的增多，以及教育与生产劳动相结合，对实现人的自由而全面的发展的积极作用，并对上述实现条件展开了具体的探讨。马克思对这一问题的认识"将人的发展的价值取向置于了合规律性的基础之上"，使人的发展成为了"一个可以通过人们长期努力去实现的目标"①。

---

① 陈新夏. 人学与人的发展 [M]. 北京：社会科学文献出版社，2015：21.

（一）社会所有制取代私人所有制

马克思在《资本论》中谈及资本主义生产方式时强调，资本主义生产方式以"保存现有资本价值和最大限度地增殖资本价值"为目的，"包含着绝对发展生产力的趋势"①，资本的内在规定就在于通过不断地生产出剩余价值来实现自身的增殖。在马克思看来，同这种生产方式相适应，资本主义生产关系及私人所有制体现为资本家对工人阶级的劳动成果的无偿占有。在这种情况下，从事劳动生产的工人阶级的发展是畸形的和片面的。只有到了共产主义社会，"由社会全体成员组成的共同联合体来共同地和有计划地利用生产力"②，私人所有制被社会所有制所取代的时候，人的自由而全面的发展才能够真正实现。

第一，马克思说明了资本主义分配关系所具有的历史性和暂时性，将实现人的自由而全面的发展同消灭私人所有制联系起来。他在《资本论》中强调，"社会生产力及其发展形式的一个既定的阶段"作为资本主义生产方式得以产生的历史条件和既定基础，同时也是"一个先行过程的历史结果和产物"。资本主义生产方式以及"同这种独特的、历史地规定的生产方式相适应的生产关系"和分配关系，"共有同样的历史的暂时的性质"③。其中，对于私人所有制，马克思曾在《共产党宣言》中明确表示，资产阶级私有制建立在阶级对立以及"一些人对另一些人的剥削上面"，而"共产主义的特征"就是要"废除资产阶级的所有制"④，从而使人能够摆脱资本主义生产关系的束缚，重新占有自己的全面的本质，实现自身自由而全面的发展。

---

① 马克思恩格斯选集：第 2 卷 [M]. 北京：人民出版社，2012：508.
② 马克思恩格斯文集：第 1 卷 [M]. 北京：人民出版社，2009：689.
③ 马克思恩格斯文集：第 7 卷 [M]. 北京：人民出版社，2009：994.
④ 马克思恩格斯选集：第 1 卷 [M]. 北京：人民出版社，2012：414.

第二，马克思指出社会所有制由人们共同占有社会生产资料和财富，此时人的个体发展与社会发展之间互为条件、彼此促进。在马克思看来，不同于建立在阶级对立和剥削上面的资产阶级的私人所有制，共产主义社会中的社会所有制是由全社会共同占有社会化生产资料。具体而言，社会所有制是由全体社会成员作为占有生产资料的主体占有全部生产资料，即"整个社会直接占有一切生产资料"，从而使其"供全体成员共同使用，并为了全体成员的利益而共同使用"①。在这种情况下，劳动者对生产资料的占有方式是直接的，他们能够摆脱资本主义社会关系对自身发展的束缚，实现对生产资料的自由支配。正如恩格斯在《反杜林论》中所说，"一旦社会占有了生产资料"，"产品对生产者的统治也将随之消除"；"人们自身的社会结合"，将变成他们"自己的自由行动"②。此外，在社会所有制条件下，未来的共产主义社会是以每个人的自由全面发展为基础的社会，人的个体发展与社会发展之间也呈现出和谐统一的关系。正如马克思所说，不同于过去"个人自由只是对那些在统治阶级范围内发展的个人来说是存在的"，"在真正的共同体的条件下，各个人在自己的联合中并通过这种联合获得自己的自由"③。在那里，随着私有制及社会分工的消失，人的社会关系将日益全面丰富，并"将使交换、生产及他们发生相互关系的方式重新受自己的支配"④，在社会中以个人而不是阶级成员的身份，获得自由而全面的发展。

（二）"自觉分工"取代旧式分工

对于分工及其在社会历史中的作用，马克思曾在《德意志意识形态》

---

① 马克思恩格斯选集：第4卷 [M]. 北京：人民出版社，2012：272.
② 马克思恩格斯选集：第3卷 [M]. 北京：人民出版社，2012：815.
③ 马克思恩格斯选集：第1卷 [M]. 北京：人民出版社，2012：414.
④ 马克思恩格斯选集：第1卷 [M]. 北京：人民出版社，2012：167.

中进行了具体的考察，并揭示了资本主义私有制条件下的社会分工即旧式分工所造成的异化现象。在马克思看来，虽然资本主义的机械化生产和分工推动了生产力的发展进步，但同时也造成了人的片面发展和畸形发展。此后，他在《共产主义原理》及《资本论》等多篇著作中，多次提及未来共产主义社会的"自觉分工"取代旧式分工对于实现人的自由而全面的发展的重要意义。在马克思看来，在未来的共产主义社会废除私有制后，"通过消除旧的分工"，能够"使社会全体成员的才能得到全面发展"①，"自觉分工"取代旧式分工是实现人的自由而全面的发展的重要条件。

第一，马克思认为资本主义私有制条件下的社会分工造成了人的片面发展和畸形发展，揭示了旧式分工所造成的异化现象。在他看来，旧式分工一方面造成了人的社会活动的固定化，使人被固定在单一的劳动模式和生产状况下，无法超出强加于他的活动范围。在这种情况下，人只能发展自己的某一方面能力，其"本身始终屈从于分工和自己的生产工具"②，人的活动"成为一种异己的、同他对立的力量"③压迫着人。另一方面，资本主义私有制条件下的社会分工还造成了人与人之间的对立，大部分人生存和发展的权利被生产资料的占有者所掌控，人陷入了片面发展的状态之中。在这种情况下，人的劳动繁重且缺乏自主性，只具有维持生存的手段的意义。正如马克思所说，劳动"只能用摧残生命的方式来维持他们的生命"④。

第二，未来的共产主义社会具备了消灭旧式分工的物质条件，"自觉分工"有利于实现人的自由而全面的发展。旧式分工作为社会生产力发

---

① 马克思恩格斯选集：第 1 卷 [M]. 北京：人民出版社，2012：308-309.
② 马克思恩格斯选集：第 1 卷 [M]. 北京：人民出版社，2012：210.
③ 马克思恩格斯选集：第 1 卷 [M]. 北京：人民出版社，2012：165.
④ 马克思恩格斯选集：第 1 卷 [M]. 北京：人民出版社，2012：209.

展到一定阶段的产物，将在生产力高度发达的共产主义社会中被消灭。马克思曾多次强调，生产力的发展将改变旧式分工所造成的异化现象，明确提出"只有交往和生产力已经发展到这样普遍的程度，以致私有制和分工变成了它们的桎梏的时候，分工才会消灭"[1]。具体而言，生产力的发展不仅能够提高生产管理过程的自动化水平和人们的劳动生产效率，还将改善社会生产与再生产过程中的职业固定化状况和人的劳动环境，使人从繁重的劳动中解放出来。此时，在共产主义社会"自觉分工"的条件下，劳动者可以自由地支配生产资料，其身份也将由机器的操作者转变为控制机器体系的主体，"不再从事那种可以让物来替人从事的劳动"[2]。同时，"任何人都没有特殊的活动范围"[3]，并且"同各个人向完全的个人的发展以及一切自发性的消除相适应"[4]，人的活动将超越生存的需要，摆脱分工的限制，真正成为人的自由自觉的活动。在这种情况下，人可以根据社会需要和自身喜好自由地选择职业，从事多样全面的社会活动，形成丰富的社会关系，实现自身自由而全面的发展。

（三）自由时间的增多

马克思视域中的时间是一个与人的存在和发展密切相关的范畴。他以人的存在和发展为出发点对这一范畴进行考察，将自由时间界定为：个人可以自主支配的时间，有时也将其称之为"可供支配的时间""剩余时间"[5]，或"可以自由支配的时间""非劳动时间"[6]。在他眼中，生产力的发展不仅是人的社会关系得以形成发展的基础，还有效地提高了生产的

---

① 马克思恩格斯全集：第 3 卷 [M]. 北京：人民出版社，1960：516.
② 马克思恩格斯文集：第 8 卷 [M]. 北京：人民出版社，2009：69.
③ 马克思恩格斯选集：第 1 卷 [M]. 北京：人民出版社，2012：165.
④ 马克思恩格斯选集：第 1 卷 [M]. 北京：人民出版社，2012：210.
⑤ 马克思恩格斯选集：第 2 卷 [M]. 北京：人民出版社，2012：238.
⑥ 马克思恩格斯选集：第 2 卷 [M]. 北京：人民出版社，2012：784，786.

效率，缩短了人们为维持生存所必需的劳动时间，从而"为整个社会和社会的每个成员创造大量可以自由支配的时间"①。因此，基于社会生产力的发展和科学技术的进步，个人可以拥有更为充足的自由时间来进行自主支配，并将其应用于发展爱好和能力，使自身的自由而全面的发展成为可能。因此，在他看来，自由时间的增多是实现人的自由而全面的发展的重要条件。

第一，他揭示了自由时间的增多对于人的发展的重要作用，强调"时间是人类发展的空间"。在他看来，自由时间的获得对人及其发展具有重要意义，"一个人如果没有自己处置的自由时间"，"他就还不如一头役畜"②。在自由时间里，人可以使自身的劳动能力、社会关系和个性获得充分的发展。具体而言，一是自由时间是人的劳动能力发展的空间。人的劳动能力作为人在劳动过程中展现出的一种客观物质力量，是存在于"一个人的身体"中，并当其"生产某种使用价值时就运用的体力和智力的总和"③。人的劳动能力的发展离不开自由时间为其提供的空间。"自由时间——不论是闲暇时间还是从事较高级活动的时间——自然要把占有它的人变为另一主体"④，使人在自主支配自由时间的基础上，能够在劳动过程中更好地发挥其独立自主性和能动创造性，使自身的体力和智力获得发展。二是自由时间是人的社会关系发展的空间。人是一种社会关系的存在物，其社会关系是自身劳动实践活动的展开。正是人的实践活动促进了其社会关系的形成和发展。然而，人的具体的实践活动离不开可供自身自主支配的自由时间，自由时间是其社会关系生成发展过程中至关重要的条件之一。三是自由时间是人的个性发展的空

---

① 马克思恩格斯选集：第 2 卷 [M]. 北京：人民出版社，2012：786.
② 马克思恩格斯选集：第 2 卷 [M]. 北京：人民出版社，2012：61.
③ 马克思恩格斯选集：第 2 卷 [M]. 北京：人民出版社，2012：164.
④ 马克思恩格斯选集：第 2 卷 [M]. 北京：人民出版社，2012：790.

间。人的个性的发展作为人的发展的目标之一，是人作为社会活动主体与他人相比所具有的独特性和自主性的发展。这一目标的实现以人的自由时间的获得为前提，正如马克思所说，"个性得到自由发展"是"直接把社会必要劳动缩减到最低限度"，从而为个人"在艺术、科学等等方面得到发展"①创造了时间和空间。

第二，资本主义生产力的发展并未增加劳动者的自由时间，这一目标只能在共产主义社会才能实现。马克思认为，生产力的发展和科学技术的进步能够提高生产的效率，从而为人的发展提供更多的自由时间。然而，他发现在资本主义生产关系建立后的很长一段时间里，虽然生产力得到了飞速的发展，劳动效率显著提高，但广大劳动者的自由时间却并没有增加。正如他在关于资本主义制度下使用机器的后果的发言中所说，"劳动时间没有缩短，工作日反而延长"，近百年来"劳动时间都通过立法手段而延长了"②。究其原因，马克思认为，之所以工人的劳动时间没有缩短，是因为工人的自由时间被资本主义生产所侵占。他深刻地指出，自由时间的增加取决于人为了获取生存资料所必须花费的必要劳动时间的减少，而资本的财富来源于占有了广大劳动者的必要劳动时间之外的剩余劳动时间，其财富的获得建立在侵占工人的这一部分时间的基础上，使工人在原本应该由其自主支配的自由时间里还在进行劳作。因此，马克思强调，资本的趋势是"要把必要劳动减少到最低限度"，从而"创造剩余劳动，即可以自由支配的时间"③。资本主义生产力发展的目的就在于"缩短工人必须为自己劳动的工作日部分"④，"创造可以自由支配的时间"并将其"变为剩余劳动"⑤，即"延长工人能够

---

① 马克思恩格斯选集：第 2 卷 [M]. 北京：人民出版社，2012：784.
② 马克思恩格斯全集：第 21 卷 [M]. 北京：人民出版社，2003：586.
③ 马克思恩格斯文集：第 8 卷 [M]. 北京：人民出版社，2009：83.
④ 马克思恩格斯选集：第 2 卷 [M]. 北京：人民出版社，2012：206.
⑤ 马克思恩格斯选集：第 2 卷 [M]. 北京：人民出版社，2012：786.

无偿地为资本家劳动的工作日的另一部分"①。马克思敏锐地发现了资本主义生产力的发展并未增加劳动者的自由时间的原因所在，并在此基础上说明了资本主义社会"不劳动阶级"和广大劳动者对自由时间占有量的不同，揭露了劳动者的剩余劳动时间被少数的"不劳动阶级"所占有并用于其自身发展，而劳动者却面临着自由时间被无情剥夺、陷入片面发展的现实状况。他指出，"不劳动阶级"不参与任何直接生产劳动，其自由发展建立在"工人必须把他们的全部时间"完全用于"生产一定的使用价值"的基础上。"不劳动阶级"的"能力的发展"以广大劳动者的"发展受到限制为基础"，"同一方的自由时间相应的是另一方的被奴役的时间"②。由此，他看到了人的自由时间的增多不能只靠生产力水平的提高，还需要依赖一定的社会条件。只有通过社会关系的变革消灭私有制，摧毁资本主义的生产方式，使社会自觉地调节生产，才能使劳动者获得自由时间的愿望真正实现。在他看来，只有在未来的共产主义社会，必要劳动时间的缩短才不再是出于增殖资本的目的，而是为了拓展人的发展空间。到那时，剩余劳动时间才能真正变为可供人们自主支配的自由时间，可由人自己主宰。人们可以将其用于发展自身的爱好和能力，自主选择从事理论探索、艺术创作或社会交往等活动，实现自身自由而全面的发展。

（四）教育与生产劳动相结合

马克思认为人的发展的实现并不是一蹴而就的，这一过程具有长期性。在实现人的发展的过程中，除了上述因素发挥了积极的作用，教育也为人获取知识、提高自身素质提供了重要条件。他将教育与人

---

① 马克思恩格斯选集：第 2 卷 [M]. 北京：人民出版社，2012：206.
② 马克思恩格斯全集：第 32 卷 [M]. 北京：人民出版社，1998：214-215.

的发展联系在一起，在《资本论》中谈及从工厂制度中萌发出的未来教育时，肯定了教育作为传承知识和经验的手段对人的发展的关键意义，提出教育是"造就全面发展的人的唯一方法"①。他站在唯物史观视角批判资本主义社会的教育，并对未来共产主义社会的教育展开了科学预测，说明了教育与生产劳动相结合也是实现人的自由而全面的发展的重要条件。

第一，马克思将教育与人的发展联系在一起，强调教育和生产劳动相结合对人的发展的关键作用。马克思十分注重发挥教育在实现人的自由而全面的发展这一过程的作用，明确提出"一定的教育或训练"对于改变"人的本性"，使其获得劳动技巧并"成为发达的和专门的劳动力"②具有重要意义。同时，对于恩格斯在《共产主义原理》中强调的普遍教育原则和"把教育和生产结合起来"③的思想，马克思也给予了充分的肯定。他们在《共产党宣言》中强调，"对所有儿童实行公共的和免费的教育"，以及"把教育同物质生产结合起来"④。在马克思看来，实行教育和生产劳动相结合，既是"改造现代社会的最强有力的手段之一"⑤，同时也是推动劳动者全面发展的重要手段。他在《资本论》中提出，"工场手工业时期"由于"总体工人的各种职能"的难易程度不同，因而"各个劳动力，需要极不相同的教育程度"，工场手工业发展了劳动力和工资的"等级制度"⑥。在这种情况下，工厂立法中"把初等教育宣布为劳动的强制性条件"的条款证明了"生产劳动同智育和体育相结合"⑦的可能

---

① 马克思恩格斯选集：第 2 卷 [M]．北京：人民出版社，2012：230.
② 马克思恩格斯选集：第 2 卷 [M]．北京：人民出版社，2012：166.
③ 马克思恩格斯选集：第 1 卷 [M]．北京：人民出版社，2012：305.
④ 马克思恩格斯选集：第 1 卷 [M]．北京：人民出版社，2012：422.
⑤ 马克思恩格斯选集：第 3 卷 [M]．北京：人民出版社，2012：377.
⑥ 马克思恩格斯选集：第 2 卷 [M]．北京：人民出版社，2012：213.
⑦ 马克思恩格斯选集：第 2 卷 [M]．北京：人民出版社，2012：230.

性。他提出，在工人阶级在夺取政权后，将使"工艺教育在工人学校中占据应有的位置"①。在马克思看来，这一方法为造就全面发展的人提供了重要的前提保障。

第二，马克思恩格斯站在唯物史观的视角批判资本主义社会的教育，对共产主义社会的教育提出了科学设想。在他们看来，随着人类社会历史的发展，教育的内容和形式也将逐步更新丰富。马克思主义创始人对资本主义社会的教育进行了深刻的批判。其中，恩格斯在《英国工人阶级状况》中考察了工人阶级在资本主义制度下惨遭剥削和压迫的状况，关注到了当时的教育情况。他提出在采用机器以前，工人们"和城市完全隔离"，其"在道德和智力方面和农民处于同一水平"②，"他们当中很少有人能读，能写的人就更少了"。他们的孩子"整天和父母一起待在家里，受的教育是服从父母，敬畏上帝"③。然而，随着机器的使用和工业的迅速发展，庞大的工人群体日益形成。为了防止工人的孩子们在"工人派别"所独自创办的学校和阅览室里"受到纯粹无产阶级的教育"④，惧怕"真正标志着进步的一切"⑤的资产阶级，将"技术学校"变为"在工人中间传播对资产阶级有利的科学知识的机构"。资产阶级在"技术学校"中为工人讲授对其"实际上是毫无用处"的自然科学和国民经济学，其中劝工人"唯唯诺诺、任人摆布和听天由命的说教"掺杂着"资产阶级牟取私利的伎俩"⑥。基于上述分析，此后马克思恩格斯在《共产党宣言》中

---

① 马克思恩格斯选集：第 2 卷 [M]. 北京：人民出版社，2012：232.
② 马克思恩格斯选集：第 1 卷 [M]. 北京：人民出版社，2012：88.
③ 马克思恩格斯选集：第 1 卷 [M]. 北京：人民出版社，2012：89.
④ 马克思恩格斯选集：第 1 卷 [M]. 北京：人民出版社，2012：130.
⑤ 马克思恩格斯选集：第 1 卷 [M]. 北京：人民出版社，2012：131.
⑥ 马克思恩格斯选集：第 1 卷 [M]. 北京：人民出版社，2012：130.

强调，教育会受到来自社会和"进行教育时所处的那种社会关系"①的影响。在资本主义生产关系的影响下，资产者唯恐失去"把人训练成机器"②的教育。而共产党人正是要消灭这种教育，"使教育摆脱统治阶级的影响"③，并"教育工人尽可能明确地意识到资产阶级和无产阶级"④之间的对立，以便开展反对资产阶级的斗争。在此基础上，他们对未来共产主义社会的教育进行了科学的预测。恩格斯在《共产主义原理》中明确提出，在无产阶级建立其政治统治后，所采取的"最主要的措施"中就包括：所有儿童都"由国家出钱在国家设施中受教育"，以及将教育与生产"结合起来"⑤。他在论及废除私有制将产生什么结果时，强调了废除私有制后共产主义社会的教育所应坚持的基本内容。恩格斯提出，私有制的废除将"消除旧的分工"，教育也"将使年轻人能够很快熟悉整个生产系统"，摆脱分工所造成的人的片面性，从而"社会全体成员的才能"⑥都将得到全面的发展。同时，恩格斯还强调，共产主义社会制度由于"将废除私有制并将由社会教育儿童"，因此便能够消灭"私有制所产生的"⑦妻子对丈夫的依赖和孩子对父母的依赖，将给家庭带来一定的影响。此后，在《共产党宣言》中，他们进一步提出，"无产阶级上升为统治阶级"后，在逐步"夺取资产阶级的全部资本"⑧的过程中需要采取一些措施。这其中便包括在生产资料公有制和社会产品日益丰富的情况下，"对所有儿童实行公共的和免费的教育"。在他们看来，这一措施的实施将使未

---

① 马克思恩格斯选集：第 1 卷 [M]. 北京：人民出版社，2012：418.
② 马克思恩格斯选集：第 1 卷 [M]. 北京：人民出版社，2012：417.
③ 马克思恩格斯选集：第 1 卷 [M]. 北京：人民出版社，2012：418.
④ 马克思恩格斯选集：第 1 卷 [M]. 北京：人民出版社，2012：434.
⑤ 马克思恩格斯选集：第 1 卷 [M]. 北京：人民出版社，2012：305.
⑥ 马克思恩格斯选集：第 1 卷 [M]. 北京：人民出版社，2012：308.
⑦ 马克思恩格斯选集：第 1 卷 [M]. 北京：人民出版社，2012：309.
⑧ 马克思恩格斯选集：第 1 卷 [M]. 北京：人民出版社，2012：421.

来共产主义社会条件下的人，通过接受良好和全面的教育而获取充足的知识资源，从而为"每个人的自由发展"^①的实现提供重要的前提基础。

---

① 马克思恩格斯选集：第 1 卷 [M]. 北京：人民出版社，2012：422.

第五章
马克思人的发展思想对思想政治教育的指导作用

作为人类重要的社会活动之一，思想政治教育以人为出发点和落脚点，在提升人的思想政治素质和科学文化素质方面发挥着积极的作用，为促进受教育者的全面发展提供了重要的思想保障。马克思人的发展思想作为思想政治教育的理论基础，对提升其科学性、有效性和针对性具有重要的指导意义。以此为指导，思想政治教育要培养德智体美劳全面发展的社会主义建设者和接班人、构建新型的教育者与受教育者关系、遵循教育规律，社会也要为思想政治教育营造有利的环境，从而保障教育活动的顺利开展和受教育者的全面发展。

一、培养德智体美劳全面发展的社会主义建设者和接班人

马克思认为，每个人的自由而全面的发展既是人类社会的理想追求，也是人本身所渴望达到的发展状态。从总体上看，人的发展是一个人的发展的不自由性和片面性逐渐减少，自由性和全面性逐渐增长的过程。摆脱资本主义社会关系对人的发展的束缚，实现人的自由而全面的发展是人的发展的价值目标，这一目标只有在共产主义社会中才能基本实现。以此为指导，思想政治教育要更加关注人这一主体，坚持人的全面发展的价值取向，以培养德智体美劳全面发展的社会主义建设者和接班人为目标，努力培养担当民族复兴大任的时代新人。

（一）促进受教育者德智体美劳全面发展

在马克思看来，人的发展是人的自由发展和全面发展的统一，实现人的自由而全面的发展是人的发展的价值目标。他将人的全面发展与人的本质规定相联系，在全面剖析资本主义社会及其条件下人的发展状况的基础上，说明了人的全面发展在于其本质力量的全面发展。以此为指导，思想政治教育作为人类重要的社会活动之一，要坚持人的全面发展的价值取向，促进受教育者德智体美劳全面发展。具体而言，人的全面发展在于其德智体美劳五个方面的发展，相应地，人的全面发展教育应该包括对受教育者进行德智体美劳五个方面的教育。作为人的全面发展教育的组成部分，德育、智育、体育、美育和劳动教育共同推动人的全面发展。从整体上看，这五个方面的教育既各有其独立性和针对性，对人的发展具有独特的价值，又彼此联系、相互贯通。

其中，德育是作为教育对象的个人，将社会的伦理规则内化为个体德性的一个过程，贯穿于对受教育者的智育、体育、美育和劳动教育之中。高尚的道德对人的知识技能、体育精神、审美情趣和劳动品格的形成发展至关重要。而且"德育有大小之分"，其中"小德育是指道德教育"①。作为思想政治教育的基本内容之一，道德教育以帮助引导受教育者内化并"践履道德规范""提高道德自律能力""形成良好的、稳定的道德品行"②为重点，与思想教育、政治教育、心理教育共同构成了思想政治教育的内容体系，并在思想政治教育内容体系及其结构关系中具有重要地位。党的十八大以来，习近平总书记曾在多个场合强调良好稳定的道德品行在实现人的全面发展过程中的关键意义，以及加强道德教育的重要作用，明

①冯建军. 构建德智体美劳全面培养的教育体系：理据与策略 [J]. 西北师大学报（社会科学版），2020（03）：5-14.

②张耀灿，郑永廷. 现代思想政治教育学 [M]. 北京：人民出版社，2006：262.

确提出"一个人只有明大德、守公德、严私德，其才方能用得其所"①；
"人无德不立，育人的根本在于立德"，要不断提高学生的道德品质，
"做到明大德、守公德、严私德"②；"要在加强品德修养上下功夫"，
"踏踏实实修好品德"③。习近平总书记的一系列重要讲话为思想政治教
育者不断加强对受教育者的道德教育提出了更高要求。智育以教学为主要
途径，从总体上看，对人的心智的培养需要与其他方面的培养结合起来。
同时，智育也为德育、体育、美育和劳动教育的开展提供了知识和智力方
面的储备，人的心智发展对于形成良好的道德品行、体育精神、审美情趣
和劳动品格具有基础性意义。习近平总书记曾语重心长地勉励新时代中国
青年要增强学习的紧迫感，"努力掌握科学文化知识和专业技能"、提高
内在素质，"在学习中增长知识、锤炼品格"④，使自己的思想观念和认
识水平跟上时代发展的步伐；"在攀登知识高峰中追求卓越"，"以聪明
才智贡献国家"⑤。体育关注的是人的身体发展，对于受教育者来说，拥
有一个健康的身体是其能够接受德育、智育、美育和劳动教育的生理基础
和先决条件。从这个意义上看，体育作为促进受教育者身体发展的重要手
段，为德育、智育、美育和劳动教育的开展奠定了重要的前提基础。习近
平总书记高度关心和重视我国的体育事业和体育教育，多次强调体育在提
高人的身体素质和健康水平、促进人的全面发展方面的关键作用，明确指
出在"十四五"时期我国要"不断开创体育事业发展新局面"，"加强学
校体育工作"，帮助受教育者"在体育锻炼中享受乐趣、增强体质、健全

① 中共中央文献研究室. 十八大以来重要文献选编：中 [M]. 北京：中央文献出版社，
2016：7.
② 习近平. 在北京大学师生座谈会上的讲话 [N]. 人民日报，2018-05-03（02）.
③ 习近平在全国教育大会上强调　坚持中国特色社会主义教育发展道路　培养德智体
美劳全面发展的社会主义建设者和接班人 [N]. 人民日报，2018-09-11（01）.
④ 习近平. 在纪念五四运动 100 周年大会上的讲话 [N]. 人民日报，2019-05-01（02）.
⑤ 习近平在清华大学考察时强调　坚持中国特色世界一流大学建设目标方向　为服务
国家富强民族复兴人民幸福贡献力量 [N]. 人民日报，2021-04-20（01）.

人格、锻炼意志"①。美育往往以艺术作品为载体,从总体上看,作为受教育者全面发展教育的重要组成部分,美育能够在潜移默化中影响受教育者道德情操、创新能力、体育精神和劳动品格的形成,是推动德育、智育、体育和劳动教育发展的重要精神力量。习近平总书记曾在中国政法大学考察时勉励广大青年"要时常用真善美来雕琢自己","努力使自己成为高尚的人"②;在给中央美术学院8位老教授回信时高度肯定加强美育工作的必要性,并就做好美育工作、弘扬中华美育精神提出期望;也曾在全国教育大会上明确指出"要全面加强和改进学校美育,坚持以美育人、以文化人,提高学生审美和人文素养"③。劳动教育则以劳动为载体对受教育者进行教育,既是对德育、智育、体育和美育成果的综合运用,又是检验以上各方面教育成果的重要途径。2019年8月印发的《关于深化新时代学校思想政治理论课改革创新的若干意见》(以下简称《意见》)明确要求,统筹推进作为思想政治教育主渠道的思政课在课程内容方面的建设,提出要系统开展劳动教育,将劳动教育作为思政课的内容之一。④加强对受教育者的劳动教育是统筹推进思政课课程内容建设、落实立德树人根本任务的必然要求,对实现人的发展具有重要意义。此后,中共中央、国务院于2020年3月印发的《关于全面加强新时代大中小学劳动教育的意见》中也明确指出,劳动教育是"学生成长的必要途径",对新时代关于加强劳动教育的相关问题进行了具体解答,肯定了劳动教育"具有树德、增智、强体、育

---

① 习近平在教育文化卫生体育领域专家代表座谈会上的讲话 [N]. 人民日报,2020-09-23(02).

② 立德树人德法兼修抓好法治人才培养　励志勤学刻苦磨炼促进青年成长进步　习近平在中国政法大学考察 [N]. 人民日报,2017-05-04(01).

③ 习近平. 坚持中国特色社会主义教育发展道路　培养德智体美劳全面发展的社会主义建设者和接班人 [N]. 人民日报,2018-09-11(01).

④ 中办国办印发《意见》　深化新时代学校思想政治理论课改革创新 [N]. 人民日报,2019-08-15(01).

美的综合育人价值"①。习近平总书记也曾多次强调加强劳动教育对于落实立德树人根本任务和受教育者成长成才的重要意义，对劳动所具有的综合育人价值给予了充分肯定，明确指出在"十四五"时期我国要"广泛开展劳动教育"②，培养受教育者的实践能力；"把劳动教育纳入人才培养全过程"③，教育引导受教育者树立正确的劳动观。

总之，人的全面发展在于其德智体美劳五个方面的发展，相应地，人的全面发展教育应该包括对受教育者进行德智体美劳五个方面的教育，这五个方面的教育彼此联系、不可分割。促进受教育者德智体美劳全面发展需要实施全学科、全方位、全过程育人，切实提高其综合素质，培养其综合能力。具体而言，一是要在加强受教育者的品德修养上下功夫，引导其在认知社会伦理和道德规范的基础上，养成良好的道德品质和行为习惯，增强国家意识和社会责任感，在行动上积极践行社会主义核心价值观。二是要在增长受教育者的知识和见识上下功夫，授予其系统的科学文化知识，夯实其科学文化基础，培养受教育者的思维和创新能力，引导其运用知识和方法解决实际问题。三是要开齐开足体育课，通过课程提高受教育者对体育知识和运动技能的认知，培养其积极进取的体育精神，并引导其养成健康的行为习惯，树立健康第一的理念。四是要加强改进学校美育，培养受教育者的审美情趣，引导其在认识美和感受美的基础上，树立正确的审美观念，切实提高辨别美和创造美的能力。五是要在受教育者中弘扬劳动精神，引导其充分认识劳动的重要意义，崇尚劳动、尊重劳动，掌握劳动知识和劳动技能，养成良好的劳动习惯。

---

① 中共中央　国务院关于全面加强新时代大中小学劳动教育的意见 [N]. 人民日报，2020-03-27（06）.

② 习近平在教育文化卫生体育领域专家代表座谈会上的讲话 [N]. 人民日报，2020-09-23（02）.

③ 习近平在全国劳动模范和先进工作者表彰大会上的讲话 [N]. 人民日报，2020-11-25（02）.

（二）培养担当民族复兴大任的时代新人

马克思将"现实的人"视为其考察人的发展和社会发展的出发点，不仅从人的实践活动出发对人与社会的关系展开分析，还以人的实践活动为基础，从理论上论证了人的发展与社会发展之间所具有的内在统一性。他认为，人与社会在人的实践活动的基础上彼此依存、不可分割，人的实践活动是人的发展与社会发展相统一的现实基础。两者之间的统一既体现在人的发展是社会发展的目的和归宿，又体现在社会发展承载并决定着人的发展。以此为指导，当前促进受教育者德智体美劳全面发展、培养担当民族复兴大任的时代新人，对于坚持发展中国特色社会主义、实现中华民族伟大复兴的中国梦具有重要意义。"培养担当民族复兴大任的时代新人"是习近平总书记在党的十九大报告中谈及"培育和践行社会主义核心价值观"问题时，明确提出的一项战略任务。习近平总书记在报告中强调，"要以培养担当民族复兴大任的时代新人为着眼点"，将社会主义核心价值观"转化为人们的情感认同和行为习惯"[①]。这一重要论述明确了中国共产党在新时代的育人目标，对新时代育人工作的开展发挥了重要的指导作用。此后，习近平总书记在全国宣传思想工作会议、学校思想政治理论课教师座谈会等场合，多次提出关于"培养担当民族复兴大任的时代新人"的表述，并且这一目标已于2018年进入到新修订的思政课教材当中。准确把握"时代新人"这一概念的内涵，发挥思想政治教育在培养"时代新人"过程中的关键作用，对新时代思想政治教育自身的发展和受教育者的全面发展而言意义重大。

第一，准确把握"时代新人"这一概念的内涵，是培养担当民族复

---

① 习近平. 决胜全面建成小康社会　夺取新时代中国特色社会主义伟大胜利——在中国共产党第十九次全国代表大会上的报告 [M]. 北京：人民出版社，2017：42.

兴大任的时代新人的重要前提。系统梳理习近平总书记在党的十九大前后发表的一系列重要讲话可以发现，习近平总书记关于"时代新人"的表述是十分丰富的。①他在党的十九大报告中从担当大任的角度来界定"时代新人"，将"时代新人"表述为中华民族伟大复兴大任的担当者，首次用"担当民族复兴大任"对"时代新人"进行了界定。这其中包含着对"时代新人"的要求，即在中国特色社会主义进入新时代的背景下，青年人要明确自身所肩负的历史使命，以实现中华民族伟大复兴为己任，并在不懈奋斗中将这一目标变为现实。此外，习近平总书记在党的十九大报告中谈及关于青年的主题时，还将"时代新人"表述为"有理想、有本领、有担当"的"青年一代"，强调"青年一代有理想、有本领、有担当，国家就有前途，民族就有希望"②。与此相近的表述习近平总书记曾在多个场合提出，为我们把握"时代新人"的内涵提供了重要依据。此后，习近平总书记又在全国教育大会、学校思想政治理论课教师座谈会等多个场合谈及新时代的育人目标时，提出了"德智体美劳全面发展的社会主义建设者和接班人"的表述。这一表述的提出说明了"时代新人"这一概念所具有的政治内涵，揭示了"时代新人"归根结底是"社会主义建设者和接班人"在新时代的具体体现，反映了新时代的育人理念和人才培养目标。综上所述，"时代新人"这一概念从整体上看具有十分丰富的内涵，并且其内涵的展现也经历了一个逐渐丰富清晰的过程，明确这一概念的丰富内涵是培养担当民族复兴大任的时代新人的重要前提。

第二，思想政治教育要发挥其在培养"时代新人"过程中的关键作用，促进受教育者的全面发展。一方面，要加强对受教育者的理想信念教育，为其成长成才打下科学的思想基础。"培养时代新人，重中之重是要

---

① 刘建军. 论"时代新人"的科学内涵 [J]. 思想理论教育，2019（02）：4-9.

② 习近平. 决胜全面建成小康社会　夺取新时代中国特色社会主义伟大胜利——在中国共产党第十九次全国代表大会上的报告 [M]. 北京：人民出版社，2017：70.

以坚定的理想信念筑牢精神之基。"①加强理想信念教育，引导受教育者树立共产主义远大理想和中国特色社会主义共同理想，对培养"时代新人"具有重要的推动作用，对此，思想政治教育责无旁贷。具体而言，加强对受教育者的理想信念教育，既需要思想政治教育者自身加强对马克思主义理论和中国特色社会主义理论的学习理解；还需要他们在课堂教学过程中，对受教育者开展深入系统的马克思主义理论及中国特色社会主义理论教育，将马克思主义经典作家的优秀作品和党的最新理论成果纳入教学内容当中，引导受教育者从中感悟真理的力量。使受教育者能够通过学习，加强对人类社会发展规律和中国共产党的革命建设奋斗历程的认识，以习近平新时代中国特色社会主义思想武装头脑、指导实践。从而在深刻理解马克思主义理论和中国特色社会主义理论的基础上，不断坚定对马克思主义的信仰和对社会主义、共产主义的信念，自觉将自身发展与国家发展和民族复兴紧密相连，为实现中华民族伟大复兴的中国梦而不懈奋斗。另一方面，还要加强对受教育者的社会主义核心价值观教育，充分发挥其价值引领作用。社会主义核心价值观凝聚着中华民族的价值共识，是当代中国精神的集中体现。在全社会范围内培育和弘扬社会主义核心价值观，有利于铸牢全社会共同奋斗的思想基础，推动社会的全面进步和人的全面发展。在教育过程中既可以通过课堂教学向受教育者阐释社会主义核心价值观的理论渊源、科学内涵及实践基础，揭示其所反映的中国特色社会主义的价值诉求；还可以通过媒体平台广泛宣传诠释社会主义核心价值观的榜样人物和典型事迹，营造学习宣传的浓厚氛围。从而引导受教育者接受并认同社会主义核心价值观，自觉地将其作为自身为人处世的基本遵循和日常践行的行为准则，更好地肩负起国家和民族的希望，在奋斗中实现人生价值，为民族复兴铺路架桥。

---

① 本报评论员. 培养担当民族复兴大任的时代新人 [N]. 人民日报, 2018-08-31 (04).

二、构建新型思想政治教育者与受教育者关系

在马克思看来，"现实的人"是在一定社会关系中从事具体实践活动的人，通过自身有意识的、有目的的实践活动，创造了自己的历史和人类社会的历史，"现实的人"的存在是社会历史发展和人的发展的首要前提。思想政治教育作为人类重要的社会活动之一，其开展离不开教育者和受教育者。作为教育过程中的双主体，教育者和受教育者的存在是开展教育活动的关键前提，对教育活动的顺利进行具有至关重要的作用。思想政治教育在开展过程中，要充分发挥教育者的主导性作用和受教育者的主体性作用，构建新型的思想政治教育者与受教育者之间的关系。

（一）教育者和受教育者是思想政治教育过程中的双主体

作为构成思想政治教育活动必不可少的基本要素，教育者与受教育者对教育活动的开展具有基础性意义。其中，思想政治教育者是教育活动的组织者和实施者，具有组织、教育和调控方面的功能，在教育过程中发挥着主导性作用。而受教育者则是在教育者的引导下，接受并实践相应教育内容的对象。虽然受教育者会在思想政治教育过程中受到来自教育者的影响，但受教育者并"不是作为完全被动的客体，而是作为有情感、有思想的活生生的人"[1]参与到教育过程中，并且在其"接受、实践思想政治教育内容的过程中"，是"以主体的身份出现"[2]的。因此，二者是思想政治教育过程中的双主体，他们之间的关系是主体与主体之间的关系。

第一，教育者在教育过程中发挥着主导性作用。作为教育活动的组织者和实施者，教育者能够将受教育者作为自己开展教育活动的对象来予以

---

① 陈万柏，张耀灿. 思想政治教育学原理 [M]. 北京：高等教育出版社，2015：160.
② 沈壮海. 思想政治教育有效性研究（第三版）[M]. 武汉：武汉大学出版社，2016：71.

引导，能够在理解并把握教育内容、遵循教育规律的基础上，有针对性地向教育对象施加教育影响，积极调控并推进整个思想政治教育过程。从这个意义上看，思想政治教育活动的顺利开展离不开教育者主导性作用的发挥，教育者具有组织、教育和调控方面的功能。具体而言，一是教育者的组织功能主要体现在为了保障教育活动的顺利开展，具有一定理论知识和较高政治素养的教育者，需要根据社会要求和教育对象的实际情况确立合理的教育目标，编制具体的教育内容，组织相应的教育情境。这一过程体现了思想政治教育者自身所具有的主体能动性，为教育者向受教育者施加思想政治教育影响奠定了前提基础。二是思想政治教育者的教育功能主要体现在教育者在预先组织教育内容和教育情境的基础上，将教育内容传授给受教育者，对其施加有计划的教育影响，从而引导其思想和行为发生一定的变化，做出符合社会所期望的价值判断及行为选择。在这一过程中，教育者始终处于主导性地位。三是思想政治教育者的调控功能主要体现在教育者能够对教育过程中获取的各种反馈信息进行分析、整理，并以此为依据对自己接下来的组织和教育行为进行及时的、有针对性的调整，从而更好地保证教育效果，切实提升教育的有效性。

　　第二，受教育者在教育过程中具有主动参与和自我教育的主体性，也是思想政治教育的主体。作为在教育者引导下接受并实践相应教育内容的对象，受教育者与教育者一同参与到教育过程中。从整体上看，思想政治教育过程的运行包括教育活动的准备、开展和效果强化三个环节①，是受教育者将社会要求的思想观念和道德规范逐步转化为自身的思想政治素质的过程。然而，由于受教育者思想政治素质的形成并不是一朝一夕就能实现的，因而思想政治教育的过程具有一定的渐进性和明显的长期性。当教育者在思想政治教育过程中将教育内容传授给受教育

---

① 张耀灿，郑永廷. 现代思想政治教育学 [M]. 北京：人民出版社，2006：347-353.

者，对其施加有目的、有计划的教育影响后，思想政治教育这一过程并没有结束。受教育者会根据自身的理解能力和现实需要，体察教育者所组织的教育内容，进而有条件、有选择性地对其加以吸收，内化为自身的思想政治素质，并通过自己的实际行动对教育内容进行实践。此时，受教育者是作为积极的、能动的主体主动参与到教育过程中的，其主动参与的程度制约着思想政治教育的有效性。此外，受教育者在教育过程中还具有良好的自我教育能力，会在教育者的引导和自身发展完善的内在诉求的驱动下，充分发挥自身的能动性，根据社会标准和道德规范对自身行为进行监督和调控，从而形成良好的思想品德和行为方式，促进自身的发展。因此，教育者和受教育者都是思想政治教育过程中的主体，二者之间的关系是主体与主体之间的关系。

（二）思想政治理论课要坚持主导性和主体性相统一

思想政治教育活动的顺利开展，不仅需要教育者与受教育者这两个必不可少的基本要素，还需要有一定的"活动形式和物质实体"在教育过程中"承载和传递思想政治教育的内容或信息"，促使教育者与受教育者之间相互作用，这种"活动形式和物质实体"①便是思想政治教育载体。这一载体表现形态多样，从其历史发展视角来看，可以将其分为传统载体和现代载体。其中，理论教育便是在思想政治教育发展历程中较早产生并持续发挥作用的传统载体之一，"是教育者通过课程、讲座、学习研讨等方式传达党和国家领导人的重要思想理论、重大决策等内容，以达到宣传教育目的的教育形式"②。其中，课程作为理论教育的重要方式，在教育者对受教育者进行马克思主义理论教育的过程中起着十分关键的作用。习近平

---

① 张耀灿，郑永廷. 现代思想政治教育学 [M]. 北京：人民出版社，2006：392.
② 张耀灿，郑永廷. 现代思想政治教育学 [M]. 北京：人民出版社，2006：401.

总书记在学校思想政治理论课教师座谈会上也肯定了思政课的作用不可替代，明确提出"办好思政课，就是要开展马克思主义理论教育，用新时代中国特色社会主义思想铸魂育人"。同时，习近平总书记指出，为了全面提高思政课质量和水平，要"推动思政课改革创新"，强调"思政课要做思想政治教育的显性课程"，要"坚持主导性和主体性相统一"①。这一重要论述明确了思政课教学中教育者与受教育者之间的相互关系，肯定了思政课教学离不开教育者主导性作用和受教育者主体性作用的发挥，对切实提高思政课的思想性和针对性，全面提高思政课质量和水平具有重要的方法论意义。

第一，思政课要坚持主导性和主体性相统一，充分发挥教育者的主导性作用和受教育者的主体性作用。习近平总书记强调，"办好思想政治理论课关键在教师"，"思政课教学离不开教师的主导"②，明确了教师作为思想政治教育者是课程的主导者，其职责定位是在思政课的课堂教学中发挥主导性作用。同时，作为思想政治教育过程中的受教育者，学生也是思政课教学活动的中心和主体。思政课教学同样离不开受教育者积极参与其中，发挥其主体性作用。坚持主导性和主体性相统一是推动思政课改革创新的必然要求。具体而言，在教学内容的设计方面，教育者要以"培养德智体美劳全面发展的社会主义建设者和接班人"③为目标导向，充分考虑到受教育者的"认知规律和接受特点"，满足其理论学习需求。教育者要在遵循教学大纲组织教学内容、编写教案的基础上，加强对马克思主义理论和中国特色社会主义理论的学习理解，提升自身的理论水平和教学水平。从而在课堂教学过程中更加深入、系统地为受教育者开展马克思主义

① 习近平. 思政课是落实立德树人根本任务的关键课程 [J]. 求是，2020（17）：4-16.
② 习近平. 思政课是落实立德树人根本任务的关键课程 [J]. 求是，2020（17）：4-16.
③ 习近平主持召开学校思想政治理论课教师座谈会强调　用新时代中国特色社会主义思想铸魂育人　贯彻党的教育方针落实立德树人根本任务 [N]. 人民日报，2019-03-19（01）.

理论教育和中国特色社会主义理论教育，引导其多读相关著作和"中华优秀传统文化典籍"，"掌握马克思主义精髓，感知中华文化魅力"①，用马克思主义立场、观点和方法来分析、解决实际问题。此外，"主导性需要讲究方式方法"，"主体性体现为对教育对象的尊重"②。教育者主导性作用的发挥不仅在教学内容的设计方面得以体现，还体现在对教学方法的运用上。教育者在思政课教学中要"坚持以学生为中心"，做到眼中、心中有学生。教育者可以尝试运用"小组研学、情景展示、课题研讨、课堂辩论等方式"，来激励受教育者发挥其主体性作用，引导其积极参与到教学素材的准备和研讨环节当中，成为思政课教学过程中的参与者，切实增强受教育者的参与感和获得感。而教育者则要在这一过程中"加强引导和总结提炼"③，保证在为受教育者营造开放课堂氛围的同时，不偏离教学的主题和主线，使教学全局尽在掌握之中。

第二，要按照"六个要"的要求建设思政课教师队伍，切实增强教育者的积极性、主动性和创造性。2019年3月，习近平总书记在学校思想政治理论课教师座谈会上对新时代思政课教师的核心素养进行了精辟概括，强调要按照"政治要强""情怀要深""思维要新""视野要广""自律要严""人格要正"④的要求建设思政课教师队伍。此后，中共中央办公厅、国务院办公厅于同年8月印发的《意见》也明确提出，要切实提高思政课教师的综合素质，"建设一支政治强、情怀深、思维新、视野广、自律严、人格正的思政课教师队伍"⑤。从整体上看，"六个要"是对新时

---

① 习近平. 思政课是落实立德树人根本任务的关键课程 [J]. 求是，2020（17）：4-16.
② 余丰玉. 思政课改革创新要坚持主导性和主体性相统一 [J]. 中国高等教育，2019（18）：1.
③ 习近平. 思政课是落实立德树人根本任务的关键课程 [J]. 求是，2020（17）：4-16.
④ 习近平主持召开学校思想政治理论课教师座谈会强调 用新时代中国特色社会主义思想铸魂育人 贯彻党的教育方针落实立德树人根本任务 [N]. 人民日报，2019-03-19（01）.
⑤ 中办国办印发《意见》 深化新时代学校思想政治理论课改革创新 [N]. 人民日报，2019-08-15（01）.

代思政课教师核心素养的凝练和概括，其中每个要素都具有不可替代的作用。具体而言，在政治方面，思政课教师作为教育者，承担着引领受教育者思想、解决其理想信念问题的重要职责。思政课教师只有自身拥有坚定的理想信念，高度认同自己所讲授的内容，才能时刻保持政治清醒，更好地向受教育者开展马克思主义理论及中国特色社会主义理论教育，引导其为实现中华民族伟大复兴的中国梦而不懈奋斗。在情怀方面，思政课教师应具备家国情怀、传道情怀和仁爱情怀。只有作为教育者的思政课教师自觉弘扬爱国主义精神，热爱自己所从事的马克思主义理论教育事业，心中始终装着学生，才能引导受教育者树立正确的世界观、人生观和价值观，用真情感染受教育者，让思政课更有温度。在思维方面，思政课教师作为教育者，只有自身学会辩证唯物主义和历史唯物主义的思维方法，才能将其作为课堂教学的方法论，不断更新教学内容和理念，引导受教育者运用辩证唯物主义和历史唯物主义来看待和分析问题，以正确的思维方法认识当代世界和中国社会。在视野方面，思政课教师应该具有宽广的知识视野、国际视野和历史视野。作为教育者，思政课教师要不断巩固自身的专业知识，广泛涉猎人文社会科学和自然科学知识，引导受教育者全面客观地认识当代中国和外部世界，尊重历史事实和历史发展规律。在自律方面，思政课教师要养成自律的品格，严格要求自己。具体而言，思政课教师既要提升自身的教学能力和学术水平，遵守教学纪律；又要坚持正确的政治方向，时刻树立教师的身份意识，做到表里如一、言行一致，遵守政治纪律。在人格方面，思政课教师应具有自身独特的人格魅力，既要以自身的人格魅力感染受教育者，以良好的精神风貌和行事风格赢得其喜爱，又要以自身的学识魅力将知识点生动地传递给受教育者，增强思政课课堂的亲和力和吸引力。总而言之，上述"六个要"从政治素养、业务素养和道德素养几个方面对新时代思政课教师提出了明确要求，共同构成了新时代思政课教师核心素养的整体结构，为新时代思政课教师队伍建设指明了方向。按照"六个要"的要求建设思政课教师队伍，需要国家、学校和思政课教师自身的共同努力。一是从国家层面上看，国家要为思政课教师队伍建设提供强有力的政策制度保障。国家有关部门不仅要通过相关政策制度的制定来支持马克思主义学院及马克思主义理论学科的建设，解决专业化教学人才短缺的问题，逐步壮大学校思政课教师队伍；还要进一步完善激励和评价机制，大力宣传具有较高政治素养、业务素养和道德素养的思政课教师代表，发挥其示范引领作用，而对于未达到评价标准的不合格思政课教师，则严格执行退出机制。二是从学校层面上看，学校要根据"六个要"的核心素养要求，加强对思政课教师的继续教育培训。学校既要将培训工作纳入到学校管理工作的规划当中，对新入职和教学经验丰富的思政课教师实施有针对性的培训，不断丰富培训形式；又要将培训内容与"六个要"要求结合起来，加强对思政课教师在政治素养、业务素养和道德素养方面的教育，促进其全面提升核心素养。三是思政课教师队伍建设不仅要依靠于来自国家和学校的保障，还需要思政课教师发挥自身的积极性、主动性和创造性。作为思想政治教育者，思政课教师不但要坚持终身学习，不断提升自身素养，将马克思主义理论作为自己的看家本领，并善于利用新媒体平台丰富教学内容和教学方式；而且还要充分尊重受教育者的主体地位，与受教育者平等对话，共同推动新型思想政治教育者与受教育者关系的构建。

三、遵循教育规律开展思想政治教育

在马克思看来，人的发展是一个从渐进的量的累积到质的飞跃的过程，即人的发展的不自由性和片面性逐渐减少，自由性和全面性逐渐增长的过程。马克思肯定了人的发展并不是凭空发生的，并对其推动力量进行了具体的分析。他强调生产力和人的合理需要是人的发展的推动力量，人在生产和交往的实践活动中不断发展。马克思的这一思想对推动新时代思想政治教育的发展进步具有重要意义，以此为指导，思想政治教育要遵循教育规律，推进大中小学思想政治教育一体化，将课堂教学与社会实践结合起来，切实推动受教育者的全面发展。

（一）推进大中小学思想政治教育一体化

马克思立足于人的劳动实践以及在其基础之上形成的社会关系，将"现实的人"的存在确立为人的发展的首要前提。在他看来，"现实的人"既作为个体而存在，又作为类而存在，个体和类都是人在现实中的基本存在形态。相应的，人的发展既是每个个人的发展，也是整个人类的发展，人的发展是个体发展和类的发展的统一。无论是每个个人的发展还是整个人类的发展，都是一个循序渐进、点滴积累的过程，具有长期性和递进性。而思想政治教育作为一项以人为出发点和落脚点的社会活动，为促进人的全面发展提供了正确的思想保障。以上述观点为指导，思想政治教育应该遵循受教育者发展的长期性和递进性，在把握各个学习阶段的受教育者的发展状况的基础上，围绕立德树人根本任务，科学构建循序渐进、螺旋上升的思想政治理论课课程体系，推进大中小学思想政治教育一体化。

第一，推进大中小学思想政治教育一体化体现了受教育者思想品德的形成发展规律和思政课课程目标的层次性。思想政治教育作为一项重要的教育实践活动，在促进受教育者形成符合社会所要求的思想品德方面发挥了积极的作用。"在一定意义上讲，思想政治教育过程与人的思想品德形成过程是协同的、统一的"①，人的思想品德的形成发展规律是思想政治教育所要遵循的基本规律。②具体而言，人的思想品德作为"在主体实

---

① 陈万柏，张耀灿. 思想政治教育学原理 [M]. 北京：高等教育出版社，2015：124.
② 张耀灿，郑永廷. 现代思想政治教育学 [M]. 北京：人民出版社，2006：123.

践的过程中主观因素和客观因素交互作用的产物"，其形成发展既受到来自外在因素的影响制约，又体现为在外界因素影响下，"人们内在的知、情、意、信、行诸要素"[①]的辩证运动和均衡发展。教育者的职责就在于通过思想政治教育活动，引导受教育者正确认识和处理其知、情、意、信、行诸要素之间程度不同的矛盾，促使其内在心理因素在发展方向上渐趋一致、在发展水平上渐趋平衡。受教育者思想品德的形成发展正是其内在思想矛盾运动转化的结果，这一过程从整体上看"体现了思想品德由低级、简单向高级、复杂运动变化的螺旋上升特征"[②]。因此，推进大中小学思想政治教育一体化是遵循受教育者思想品德形成发展的螺旋上升规律，培养全面发展的社会主义建设者和接班人的必然要求。此外，推进大中小学思想政治教育一体化还体现了作为思想政治教育主渠道的思政课的课程目标的层次性。习近平总书记明确指出，"在大中小学循序渐进、螺旋上升地开设思政课"是"培养一代又一代社会主义建设者和接班人的重要保障"[③]，阐明了整体规划大中小学思政课教学内容，并使之形成有机衔接的科学体系，对于实现中国共产党在新时代的育人目标的重要意义。此后，中共中央办公厅、国务院办公厅印发的《意见》再次对这一观点进行了说明，强调为了全面贯彻党的教育方针，贯穿于大中小学的思政课在课程目标方面要体现不同学段之间的针对性和层次性，"整体规划思政课课程目标"。具体而言，对于接受高等教育的博士研究生、硕士研究生、本科生和专科生而言，他们正处于"大学阶段"，此时高校思想政治理论课的课程目标"重在增强使命担当"；对于高中生而言，他们处于已经完成义务教育、即将接受高等教育的"高中阶段"，此时高中思想政治课教

---

① 陈万柏，张耀灿. 思想政治教育学原理 [M]. 北京：高等教育出版社，2015：126-132.

② 万美容，陈迪明. 内容：大中小学思政课一体化建设的核心要素 [J]. 北京工业大学学报（社会科学版），2020（01）：17-19.

③ 习近平主持召开学校思想政治理论课教师座谈会强调　用新时代中国特色社会主义思想铸魂育人　贯彻党的教育方针落实立德树人根本任务 [N]. 人民日报，2019-03-19（01）.

学具有承前启后的特点，课程目标"重在提升政治素养"；对于接受义务教育的初中生和小学生而言，他们正处于"初中阶段"和"小学阶段"，此时的"道德与法治"课教学内容包罗万象，具有基础性特点，其课程目标分别"重在打牢思想基础"和"启蒙道德情感"①。因此，从这个角度看，推进大中小学思想政治教育一体化体现了思政课课程目标的层次性，对形成循序渐进、螺旋上升的课程体系提出了更为明确的要求。

第二，推进大中小学思想政治教育一体化要重点对思政课进行顶层设计，抓住内容建设这一核心要素，构建各学段思政课课程内容体系。"课程深刻影响着思想政治教育的育人效果。"②根据思政课的课程目标和受教育者的思想品德发展状况确定并实施一定的课程内容，对于推进大中小学思想政治教育一体化、落实立德树人根本任务至关重要。具体而言，推进思政课课程内容建设，加强对思政课课程内容的规划，最为首要的是将习近平新时代中国特色社会主义思想作为思政课教学的核心内容。而这一目标的实现一方面需要国家教材委员会在大中小学的思政课教材中"及时融入马克思主义中国化最新成果"，"研究编制习近平新时代中国特色社会主义思想进课程教材指导纲要"。另一方面，高校思想政治理论课和高中思想政治课要分别"围绕习近平新时代中国特色社会主义思想"等内容和"学习习近平总书记最新重要讲话精神"开设"选择性必修课程"，有效地推进这一思想进入到教材、课堂和受教育者的头脑之中。此外，推进思政课课程内容建设，加强对思政课课程内容的规划，还要充分"遵循学生认知规律设计课程内容，体现不同学段特点"。其中，大学阶段的思政课"重在开展理论性学习"和"探究性学习"，课程内容要重点突出坚定

---

① 中办国办印发《意见》 深化新时代学校思想政治理论课改革创新 [N]. 人民日报，2019-08-15（01）.

② 冯刚，徐文倩. 把握新时代大中小学思想政治教育一体化建设内在规律 [J]. 中国高等教育，2020（02）：17-19.

理想信念、增强使命担当，加强对受教育者的马克思主义理论教育和中国特色社会主义理论教育，引导其不断坚定对马克思主义的信仰和对社会主义、共产主义的信念，自觉将自身发展与国家发展和民族复兴紧密相连。高中阶段的思想政治课"重在开展常识性学习"，重点加强政党、国家、人民和社会主义等概念的教育，提升受教育者的政治素养，增强其民主意识、法治观念以及对党、国家和社会主义的政治认同。初中和小学阶段的道德与法治课则分别"重在开展体验性学习"和"启蒙性学习"①，重点加强对受教育者在"爱党、爱国、爱社会主义等方面的事实教育"和"党旗、党徽、国旗、国徽等方面的通俗教育"②，为受教育者打牢思想基础，启蒙受教育者的道德情感。

（二）将课堂教学与社会实践结合起来

在马克思看来，"现实的人"是在一定社会关系中从事具体实践活动的人，人通过自身有意识的、有目的的实践活动创造了人类社会的历史和自己的历史。这种活动不仅包括人改造外部自然环境的生产劳动，也包括人们之间所进行的交往活动。正是在人们的生产和交往活动中，人类社会的生产力、生产关系、政治制度和社会意识作为实践的产物逐步发展起来，人改造自然界的能力逐渐提升，人的社会关系日益丰富，自身生存和发展的需要得以满足。因此，人是在生产和交往的实践活动中不断发展的，实践性既是"现实的人"所具有的本质属性，也是"马克思主义理论的特性"和"马克思主义理论传播必须坚持的原则"③。思想政治教育作

---

① 中办国办印发《意见》　深化新时代学校思想政治理论课改革创新 [N]. 人民日报，2019-08-15（01）.

② 李伟. 大中小学思政课一体化建设的逻辑理路 [J]. 河南社会科学，2020（08）：119-124.

③ 韩喜平，王晓阳. 论思政小课堂与社会大课堂的结合 [J]. 思想理论教育，2019（10）：68-71.

为"将马克思主义理论变为物质力量的重要途径"①，是教育者与受教育者之间相互作用的一种主体性活动，同样具有鲜明的实践性。以马克思人的发展思想为指导，思想政治教育要将课堂教学与社会实践结合起来，在理论和实践的结合中推动受教育者的全面发展。

第一，思想政治教育者要通过课堂教学对受教育者进行系统的马克思主义理论教育，用科学理论培养受教育者。"理论性是思政课的基本属性，坚守理论性是思政课课程性质和教学目标的内在要求"②，为受教育者学习专业知识、理解领悟知识精髓提供了重要的前提保证。思想政治教育者要提升自身的理论素养，在加强自身学习理解马克思主义理论和中国特色社会主义理论的基础上，用科学理论培养和武装受教育者。在教学过程中对受教育者开展深入系统的马克思主义理论及中国特色社会主义理论教育，将马克思主义经典作家的优秀作品和党的最新理论成果纳入教学内容当中，为引导受教育者"把人生抱负落实到脚踏实地的实际行动中来"奠定坚实的理论基础。使受教育者能够通过理论学习掌握马克思主义的立场、观点和方法，加强对中国共产党的革命建设奋斗历程和人类社会发展规律的认识，以习近平新时代中国特色社会主义思想武装头脑，不断坚定对马克思主义的信仰和对社会主义、共产主义的信念，自觉将自身发展与国家发展和民族复兴紧密相连，"把学习奋斗的具体目标同民族复兴的伟大目标结合起来"③。

第二，教育者还要引导受教育者积极参与到社会实践活动和志愿服务活动当中，通过实践巩固强化其理论认知。社会实践作为课堂教学的延伸和拓展，有利于受教育者在实际锻炼中积累智慧、增长才干，增强对理论

---

① 陈万柏，张耀灿. 思想政治教育学原理 [M]. 北京：高等教育出版社，2015：59.

② 王易. 打造理论性和实践性相统一的思想政治理论课 [J]. 中国高等教育，2019（10）：10-12.

③ 习近平. 思政课是落实立德树人根本任务的关键课程 [J]. 求是，2020（17）：4-16.

知识的理解、认同和践行。2021年3月，习近平总书记在看望参加全国政协会议的医药卫生界教育界委员时，对林忠钦委员提出的"向广大青年学子讲好抗疫这堂'大思政课'"的建议给予了肯定，强调"思政课不仅应该在课堂上讲，也应该在社会生活中来讲"；"'大思政课'我们要善用之，一定要跟现实结合起来"①。习近平总书记关于"大思政课"的重要论述强调突破课堂和校园等空间的局限，把育人工作延伸到社会中去。这既是培养德智体美劳全面发展的社会主义建设者和接班人的需要，也为实现课堂教学与社会实践的有机结合指明了方向。为此，思想政治教育者要充分发挥其主导性作用，一方面，要不断挖掘扩展"大思政课"协同育人的教学资源，使课程教学内容更加丰富多样。不仅要善于从鲜活真实的中国故事中寻找课堂教学资源，还要充分发挥爱国主义教育基地、实践教育基地等校外育人资源的关键作用，结合教学内容开展课内与课外多样的实践教学活动，为受教育者提供诸如课堂辩论会、课外志愿服务和社会调研活动等实践锻炼机会，鼓励受教育者积极参与其中。并在实践活动结束后组织受教育者充分分析、探讨在活动中所遇到的现实问题，进一步增强其对理论知识的理解和认同。另一方面，劳动也是思政课可以利用的实践载体之一，加强劳动教育对人才培养具有至关重要的意义。教育者不仅要在思政课教学过程中重视劳动教育的重要作用，还要鼓励受教育者发挥自身的主观能动性，积极参加到日常生活劳动、生产劳动和服务性劳动中，使其在劳动实践中巩固强化理论认知，树立马克思主义劳动观，形成良好的劳动习惯和劳动品质。

总而言之，课堂教学与社会实践之间是互相促进和共同发展的关系，在教育过程中，教育者既要通过课堂教学夯实受教育者的理论基础，又要

---

① "'大思政课'我们要善用之"（微镜头·习近平总书记两会"下团组"·两会现场观察）[N]. 人民日报，2021-03-07（01）.

重视思想政治教育的实践性，通过社会实践巩固强化受教育者的理论认知，使课堂教学与社会实践相互配合，共同致力于受教育者的全面发展。

四、营造有利于思想政治教育的社会环境

马克思认为，人"不仅是一种合群的动物，而且是只有在社会中才能独立的动物"①。在马克思看来，人与社会在人的实践活动的基础上彼此依存、不可分割。人作为一种社会历史性的存在，属于一定的社会形式，是在一定社会关系中从事具体活动的人。人与人在改造自然和改造社会的过程中形成了人所处的社会环境，社会环境不但与人的生存发展和人的思想行为密切相关，而且还影响和制约着作为社会环境产物的思想政治教育的方向、性质和作用。②从这个意义上看，营造有利于思想政治教育的社会环境，对思想政治教育活动的顺利开展和受教育者的全面发展具有至关重要的意义。具体而言，这一目标的实现需要为思想政治教育提供坚实的物质保障，构筑有利于立德树人的文化环境，以及建设有利于人的全面发展的网络环境。

（一）为思想政治教育提供坚实的物质保障

一直以来，马克思都十分关注影响人的发展的物质因素，将物质资料的生产和再生产视为社会历史的前提和人的个体生命存在、发展的基础。在他看来，生产力是推动人的发展的决定力量，生产力的发展是人的发展的基础，不仅为人的发展提供了必要的物质条件，还将改变社会分工所造成的异化现象，将人从繁重的劳动中解放出来。思想政治教育作为人类教育实践活动的一种形式，是教育者与受教育者之间相互作用的一种主体性活动。这一

---

① 马克思恩格斯选集：第 2 卷 [M]. 北京：人民出版社，2012：684.
② 周浩波，谢晓娟. 思想政治教育环境论 [M]. 沈阳：辽宁大学出版社，2016：1.

活动由诸多要素和内容所构成，并不是凭空而来、无所依据的。从总体上看，无论是思想政治教育活动的顺利开展，还是思想政治教育目标的实现，都离不开一定的教育经费、教师队伍和教育环境等方面的物质保障。正是在此基础上，思想政治教育才能更好地坚持人的全面发展的价值取向，努力培养担当民族复兴大任的时代新人，促进受教育者的全面发展。

第一，思想政治教育活动的开展需要一定的经费投入，国家财政部门要为其提供教育经费方面的保障。教育活动的顺利开展和教育目标的实现需要大量的教育经费的投入。具体而言，这部分经费既包括用于教育所需的基础设施和教学设备等方面的费用，也包括用于开展社会实践活动、进行教师培训、资助贫困学生等方面的费用。充足的教育经费不仅保证了课堂教学活动的开展具备了教学场地、教学资料、多媒体设备等基础设施和教学设备方面的保障，为思想政治教育提供了充足的教学空间和教学资源；还为课堂教学之外的社会实践活动的开展，和作为教育者的思政课教师的成长发展提供了物质条件，对教育活动的顺利开展和教育目标的实现具有基础性意义。2019年8月，中共中央办公厅、国务院办公厅印发的《意见》在谈及思政课教师队伍建设，以及增强思政课的思想性、理论性和亲和力、针对性这一问题时，明确强调要为思想政治教育提供教育经费方面的保障。一方面，《意见》指出为了"切实提高思政课教师综合素质"，要加大对"用于思政课教师的学术交流、实践研修等"方面的专项经费的支持力度。其中，"本科院校按在校生总数每生每年不低于40元，专科院校按每生每年不低于30元的标准提取专项经费"[①]。另一方面，《意见》还明确强调要"加强思政课课题研究"，加大对"思政课教学重点难点问题和教学方法改革创新等"相关课题研究的支持力度。对此，

---

① 中办国办印发《意见》 深化新时代学校思想政治理论课改革创新 [N]. 人民日报，2019-08-15（01）.

"各地要参照设立相关项目并给予经费投入"①以保障课题研究的顺利开展，从而切实增强思政课的思想性、理论性和亲和力、针对性，推动思想政治教育活动的顺利进行和受教育者全面发展目标的实现。

第二，思想政治教育活动需要一支素质优良的教师队伍，教育主管部门要为其提供教师队伍方面的保障。思想政治教育的教师队伍是由在教育过程中发挥主导性作用的思想政治教育者所构成的一支队伍，在思想政治教育活动中扮演组织者和实施者的角色，具有组织、教育和调控方面的功能。具体而言，教育者作为教师队伍的组成成员，能够将受教育者作为自己开展教育活动的对象来予以认识和引导，能够在理解并把握思想政治教育内容、遵循教育规律的基础上，有针对性地向教育对象施加教育影响，积极调控并推进整个教育过程。因此，从这个意义上看，加强思想政治教育的教师队伍建设，切实增强作为教育者的思政课教师的积极性、主动性和创造性，对教育活动的顺利开展和教育目标的实现具有基础性意义。对此，习近平总书记在全国高校思想政治工作会议上明确指出，"教师是人类灵魂的工程师"，肯定了长期以来高校思想政治工作队伍"为高等教育事业发展作出了重要贡献"②，强调要整体推进思想政治理论课教师队伍建设。此后，习近平总书记在学校思想政治理论课教师座谈会上强调，要"配齐建强思政课专职教师队伍，建设专职为主、专兼结合、数量充足、素质优良的思政课教师队伍"③。中共中央办公厅、国务院办公厅于同年印发的《意见》也明确提出，为了建设一支高素质专业化的思政课教师队伍，不仅要"加快壮大学校思政课教师队伍"，"制定关于加强新时代中

---

① 中办国办印发《意见》 深化新时代学校思想政治理论课改革创新 [N]. 人民日报，2019-08-15（01）.

② 习近平在全国高校思想政治工作会议上强调 把思想政治工作贯穿教育教学全过程 开创我国高等教育事业发展新局面 [N]. 人民日报，2016-12-09（01）.

③ 习近平主持召开学校思想政治理论课教师座谈会强调 用新时代中国特色社会主义思想铸魂育人 贯彻党的教育方针落实立德树人根本任务 [N]. 人民日报，2019-03-19（01）.

小学思政课教师队伍建设的意见"和"新时代高校思政课教师队伍建设规定";还要加强对教师队伍及其后备人才的培养工作,"制定思政课教师队伍培养培训规划"①,切实提高其综合素质。

第三,思想政治教育活动是在一定的环境里进行的,社会要为其提供教育环境方面的保障。作为影响思想政治教育活动和受教育者思想品德的一切外部因素的总和,思想政治教育环境"按其覆盖范围可分为宏观环境和微观环境"。其中,宏观环境是包括经济环境、政治环境和文化环境等在内的"对思想政治教育总体活动及全体社会成员发生影响的因素"②,而微观环境则是包括家庭环境和学校环境等在内的具体环境因素。从总体上看,思想政治教育需要良好的社会环境。良好的社会环境对受教育者思想品德的形成发展具有导向和规范作用,为受教育者的全面发展营造了良好的氛围。此外,教育活动也是在特定的环境下进行的。为了实现教育目标,教育者要在教育过程中充分发挥其主导性作用,通过精心布置教育场所、选择恰当的教育时机等方式,为受教育者营造良好的教育环境。可以说,"充分利用环境提供的条件,精心设计各种与教育内容相匹配的教育场景,对于提高思想政治教育的效果是十分有益的"③。因此,不断优化思想政治教育的宏观环境和微观环境,为其提供教育环境方面的保障,对教育活动的顺利开展和教育目标的实现具有重要意义。具体而言,在宏观环境方面,重点要大力发展生产力,加强社会主义民主和法治建设,坚持社会主义核心价值观;在微观环境方面,则要提高家长的思想政治素质,倡导民主科学的教育方法,加强校园物质环境和精神文化环境建设,在全社会范围内形成良好的育人环境。④

---

① 中办国办印发《意见》 深化新时代学校思想政治理论课改革创新 [N]. 人民日报, 2019-08-15(01).

② 陈万柏、张耀灿. 思想政治教育学原理 [M]. 北京:高等教育出版社,2015:104.

③ 沈国权. 思想政治教育环境论 [M]. 上海:复旦大学出版社,2002:32.

④ 陈万柏、张耀灿. 思想政治教育学原理 [M]. 北京:高等教育出版社,2015:116-122.

（二）构筑有利于立德树人的文化环境

作为思想政治教育价值取向的重要体现和开展教育活动的根本依据，思想政治教育的目标在于"唤醒人的主体意识，发展人的主体能力，塑造人良好的道德品质，使人真正成为自主自立、道德品质高尚的社会发展主体，即'立德树人'"①。具体而言，一方面，这一目标强调了思想道德素质在人的诸多素质中的核心地位，"'立德'所要'立'的是社会主义道德"，即"中国特色社会主义理论在社会伦理道德层面上的体现"和"社会主义核心价值观在道德层面上的要求"②。另一方面，这一目标还指出了人才培养要素的全面性，"树人"所要"树"的是"担当民族复兴大任的时代新人"和"德智体美劳全面发展的社会主义建设者和接班人"③。从总体上看，无论是课程育人、实践育人，还是文化育人等，都是实现"立德树人"目标的有效路径。思想政治教育这一目标的实现不仅需要深入的课堂理论知识教育和丰富的社会实践，还需要增强整个社会以文化人、以文育人的氛围，构筑有利于立德树人的文化环境。

第一，文化环境为思想政治教育提供了特定的场域，构筑有利于立德树人的文化环境具有重要的现实意义。作为人的实践活动的结果，文化环境是指"由社会生产方式所决定的观念形态支配下所构成的客观要素的总和"。而当其中的"某些要素进入思想政治教育领域并为之使用时"，便形成了思想政治教育文化环境（以下简称文化环境）。从总体上看，作为对思想政治教育总体活动及全体社会成员发生影响的宏观环境的重要组成

---

① 李毅. 把握"立德树人"根本任务的思想政治教育[J]. 毛泽东思想研究，2013（04）：155-157.

② 谢晓娟，张召鹏. "立德树人"的内涵：一种人学的解读[J]. 辽宁师范大学学报（社会科学版），2018（02）：1-6.

③ 习近平主持召开学校思想政治理论课教师座谈会强调　用新时代中国特色社会主义思想铸魂育人　贯彻党的教育方针落实立德树人根本任务[N]. 人民日报，2019-03-19（01）.

部分，文化环境为思想政治教育提供了特定的场域。具体而言，文化环境作为"围绕并影响思想政治教育和人的思想的文化要素的总和"①，蕴含着教育内容，为其提供了"客观物质文化条件和技术支撑"，以及"文化性质、文化品位和文化习惯等规定"②，影响着受教育者的思想和行为。然而，由于文化环境是一个广泛而复杂的动态性体系，因而其对受教育者的影响性质也具有多样性。通常情况下，良好的文化环境能够对处于该环境下的受教育者产生积极的影响，有利于受教育者在教育者的帮助下形成符合社会发展要求的思想观念和道德规范，并将其转化为相应的行为习惯。而与之相反，不良的文化环境则会对处于该环境下的受教育者产生消极的影响，不利于其形成符合社会发展要求的思想和行为。因此，从这个角度看，构筑有利于立德树人的文化环境对于营造受教育者全面发展的良好氛围，实现思想政治教育目标具有重要意义。

第二，价值观是文化的核心和精髓，构筑有利于立德树人的文化环境要充分发挥社会主义核心价值观的引领作用。作为文化的核心要素，价值观是"人们基于经验和知识而产生的对行为和思想的判断标准"，其形成"既取决于社会的政治、经济发展程度，也取决于文化的发展和历史的传承"。文化和价值观之间具有十分密切的联系。一方面，文化在价值观的形成过程中具有重要作用。文化不仅潜移默化地影响着人们的价值观的形成，还构成了价值观形成的场景，人们的价值观的形成离不开一定的文化环境。另一方面，价值观也引导着文化的发展方向。"主流价值观更是对文化的发展起到导向的作用，从而引导文化发展的方向。"③社会主义核心价值观作为当代中国精神的集中体现和文化软实力建设的价值支撑，凝

---

① 张耀灿等. 思想政治教育学前沿 [M]. 北京：人民出版社，2006：394，397.
② 梅萍，贾月. 析思想政治教育文化环境和文化载体之异 [J]. 思想教育研究，2017（03）：20-24.
③ 谢晓娟. 文化多样性与当代中国软实力建设 [M]. 北京：人民出版社，2015：164，166.

聚着中华民族的价值共识，在社会思想观念体系中处于主导地位。充分发挥社会主义核心价值观在文化环境建设方面的引领作用，把社会主义核心价值观和人们的社会文化生活结合起来，将其融入文化育人的全过程，有利于铸牢全社会共同奋斗的思想基础，为立德树人目标的实现营造良好的氛围。具体而言，我们既要坚持以马克思主义为指导，加强思想精深、制作精良的优秀文化产品的创作生产，并以其为弘扬社会主义核心价值观的有效载体潜移默化地影响受教育者的认知和行为；又要通过媒体平台广泛宣传诠释社会主义核心价值观的榜样人物和典型事迹，营造学习宣传的浓厚氛围，用社会主义核心价值观凝聚全社会的思想共识，强化思想政治教育的积极影响。

（三）建设有利于人的全面发展的网络环境

作为对思想政治教育总体活动及全体社会成员发生影响的宏观环境的重要组成部分，文化环境为思想政治教育提供了特定的场域，影响着教育的全过程。并且"随着当代社会的发展，思想政治教育文化环境不仅获得了现代要素，从而使文化环境的各个子系统呈现出时代特质，而且孕育了文化环境的新形态"[①]，其中便包括网络环境。从总体上看，网络环境的形成发展离不开互联网和网络文化的发展。其中，作为人们借助于互联网进行各种活动时逐渐形成的"社会心理、价值取向以及较恒定的具有自身鲜明特征的行为模式"[②]，网络文化往往以网络主流文化、网络消费文化和网络影视文学等具体形态表现出来，并日益深刻地改变着人们的生活方式、思维方式和行为模式。据统计，"至2023年12月，我国网民规模达10.92亿"，"互联网普及率达77.5%，较2022年12月提升1.9个百分

[①] 张耀灿等. 思想政治教育学前沿 [M]. 北京：人民出版社，2006：404.
[②] 钟忠. 中国互联网治理问题研究 [M]. 北京：金城出版社，2010：49.

点"①，互联网在商务交易、公共服务等多个领域中的应用不断深化。正是基于互联网络和网络文化的发展，网络环境得以形成发展并日益成为影响思想政治教育的重要因素之一。具体而言，作为"围绕并影响思想政治教育和人的思想的网络文化要素的总和"②，网络环境为教育者和受教育者之间的双向交流沟通创造了更多的机会，无形中拉近了教育者与受教育者之间的距离，增加了思想政治教育过程的互动性。然而与此同时，亿万网民在互联网平台获取和交流信息，这不但影响着广大网民的思维方式和价值观念，还极大地改变了舆论的生成和传播方式，使网络环境成为一个广泛而复杂的动态性体系。其中不但存在着过度炒作娱乐八卦、宣扬炫富拜金等错误价值观的现象，而且海量的网络文化信息也极易造成教育者和受教育者在信息选择上的困惑，影响着思想政治教育目标的实现。因此，在文化环境建设过程中建设有利于人的全面发展的网络环境，对于营造受教育者全面发展的良好氛围，实现思想政治教育目标具有重要意义。对此，我们可以从以下几个方面来具体着手。

第一，建设有利于人的全面发展的网络环境要坚持正确的指导思想。网络文化的发展和网络环境建设离不开科学理论的引领。作为"我们党和国家的指导思想"，马克思主义始终是"我们认识世界、把握规律、追求真理、改造世界的强大思想武器"③，是我国的主流意识形态。网络文化的发展和网络环境建设也要坚持以马克思主义为指导，充分发挥其在网络环境建设过程中的理论指导作用，巩固马克思主义在意识形态领域的指导地位。当前，习近平新时代中国特色社会主义思想作为"当代中国马克思主义"④，是网络文化发展和网络环境建设所必须坚持的指导思想。建设

---

① 中国互联网络信息中心. 第53次《中国互联网络发展状况统计报告》[EB/OL]. https://www.cnnic.net.cn/n4/2024/0322/c88-10964.html，2022-02-25/2024-05-28.

② 元林. 思想政治教育体系中的网络传播研究 [M]. 北京：光明日报出版社，2011：217.

③ 习近平. 习近平谈治国理政：第3卷 [M]. 北京：外文出版社，2020：114.

④ 习近平. 习近平谈治国理政：第3卷 [M]. 北京：外文出版社，2020：660.

有利于人的全面发展的网络环境，最为首要的就是要坚持以习近平新时代中国特色社会主义思想为指导，旗帜鲜明地坚持正确的政治方向和价值取向。此外，建设有利于人的全面发展的网络环境还要充分发挥网络阵地的积极作用，利用网络交互性强、覆盖面广等优势，努力使互联网成为马克思主义理论的宣传平台，高度重视蕴含马克思主义的思想文化产品的生产和传播，使马克思主义指导下的社会主义意识形态能够更好、更高效地得到广大人民群众的接受和认同。

第二，建设有利于人的全面发展的网络环境还需要通过相关政策法规的约束来维护网络文化秩序，切实加强对网络文化的监管。"网络文化本身就是信息，内蕴丰富的思想观念和意识形态"[1]，给予网络文化以一定的规范和引导，对遏制西方意识形态在网络文化中的渗透，巩固马克思主义在意识形态领域的指导地位具有重要意义。我国自20世纪90年代起就相继出台了多部与互联网相关的政策法规。这些政策法规涉及域名管理、网络管理、网络安全和网络文化等多个方面[2]，它们的相继出台为监管部门严格执法、切实加强对网络文化的监管，提供了有力的保障和依据。我国在开展网络文化环境建设的过程中要严格遵守这些政策法规，在"培育积极健康、向上向善的网络文化"的同时，加强对网络舆论的监管和引导。通过建立健全网上舆情分析研判机制和信息预警机制，鉴别可能危及主流意识形态的因素，提升舆情甄别及信息管控能力，"依法加强网络空间治理"，"为广大网民特别是青少年营造一个风清气正的网络空间"[3]。

---

① 张志军. 试析当前中国网络文化环境的监管及其利用 [J]. 西南民族大学学报（人文社会科学版），2012（11）：210-213.

② 中国互联网络信息中心 http://www.cnnic.net.cn/ggfw/fwzxxgzcfg/

③ 习近平. 在网络安全和信息化工作座谈会上的讲话 [N]. 人民日报，2016-04-19（02）.

结　语

　　人的发展问题作为一个常谈而又常新的问题，一直以来都备受古今中外的思想家们的关注。在马克思主义产生之前，古希腊哲学家便开启了思考关于人与自然、人与社会等问题的先河。此后，人文主义者明确要求将人从宗教神学的束缚中解脱出来，强调人的现世生活、人的尊严和人的价值。启蒙思想家高举理性的旗帜，宣传自由、平等、民主的人文主义精神。空想社会主义者提出了通过完善社会制度促进人的全面发展的设想。德国古典哲学家也将目光聚焦在人的理性、自由、天赋权利和人的发展等问题上。他们所形成的丰富理论成果为马克思人的发展思想的形成奠定了重要基础。

　　基于当时的历史背景和前人的理论成果，马克思在深入探索客观世界本质和人类社会发展规律的过程中，对人的发展这一问题进行了科学的解答。从整体上看，马克思人的发展思想经历了由萌芽到成熟的发展过程。早在马克思从少年走向青年的这一阶段，他就已经开始思考和探讨人的发展问题，表达了对劳动人民的同情和对人的发展问题的关注。后来，他又在深入研究社会领域的重大现实及理论问题的过程中，逐步发现了唯物史观并运用其深刻剖析人类社会历史，展开了对异化劳动的批判和对人的发展条件的研究，深刻地揭示了人的发展的社会条件，进一步丰富了关于人的发展的思想。在马克思看来，"现实的人"的存在是社会历史发展和人的发展的首要前提，生产力和人的合理需要是人的发展的推动力量，人在生产和交往的实践活动中不断发展。此外，人的发展的价值目标在于摆脱资本主义社会关系对人的发展的束缚、实现人的自由而全面的发展，而社会所有制取代私人所有制、"自觉分工"取代旧式分工、自由时间的增多，以及教育与生产劳动相结合是实现这一目标的重要条件。

本书以马克思人的发展思想为研究对象，集中论述了其形成的社会背景及理论来源、发展进程及文本溯源、核心内容和马克思人的发展思想对思想政治教育的指导作用。本书完成之际，我国已开启全面建设社会主义现代化国家新征程，正处于向第二个百年奋斗目标进军的关键时刻，党和国家事业发展迫切需要培养造就德智体美劳全面发展的社会主义建设者和接班人。深入研究作为思想政治教育理论基础的马克思人的发展思想，有利于提升思想政治教育的科学性、有效性和针对性，从而促进其更好地坚持人的全面发展的价值取向，为全面建设社会主义现代化国家培养德智体美劳全面发展的社会主义建设者和接班人，在新征程上推动人的全面发展取得更为明显的实质性进展。

参考文献

一、经典著作类

[1] 马克思恩格斯选集：第1卷[M]. 北京：人民出版社，2012.

[2] 马克思恩格斯选集：第2卷[M]. 北京：人民出版社，2012.

[3] 马克思恩格斯选集：第3卷[M]. 北京：人民出版社，2012.

[4] 马克思恩格斯选集：第4卷[M]. 北京：人民出版社，2012.

[5] 马克思恩格斯全集：第1卷[M]. 北京：人民出版社，1995.

[6] 马克思恩格斯全集：第2卷[M]. 北京：人民出版社，2005.

[7] 马克思恩格斯全集：第3卷[M]. 北京：人民出版社，2002.

[8] 马克思恩格斯全集：第21卷[M]. 北京：人民出版社，2003.

[9] 马克思恩格斯全集：第23卷[M]. 北京：人民出版社，1972.

[10] 马克思恩格斯全集：第32卷[M]. 北京：人民出版社，1998.

[11] 马克思恩格斯全集：第44卷[M]. 北京：人民出版社，2001.

[12] 马克思恩格斯文集：第1卷[M]. 北京：人民出版社，2009.

[13] 马克思恩格斯文集：第5卷[M]. 北京：人民出版社，2009.

[14] 马克思恩格斯文集：第8卷[M]. 北京：人民出版社，2009.

[15] 毛泽东选集：第1卷[M]. 北京：人民出版社，1991.

[16] 毛泽东选集：第2卷[M]. 北京：人民出版社，1991.

[17] 毛泽东选集：第3卷[M]. 北京：人民出版社，1991.

[18] 毛泽东选集：第4卷[M]. 北京：人民出版社，1991.

[19] 邓小平文选：第1卷[M]. 北京：人民出版社，1994.

[20] 邓小平文选：第2卷[M]. 北京：人民出版社，1994.

[21] 邓小平文选：第3卷[M]. 北京：人民出版社，1993.

[22] 习近平谈治国理政：第1卷[M]. 北京：外文出版社，2018.

[23] 习近平谈治国理政：第2卷[M]. 北京：外文出版社，2017.

[24] 习近平谈治国理政：第3卷[M]. 北京：外文出版社，2020.

二、国内著作类

[1] 习近平. 高举中国特色社会主义伟大旗帜　为全面建设社会主义现代化国家而团结奋斗——在中国共产党第二十次全国代表大会上的报告[M]. 北京：人民出版社，2022.

[2] 习近平. 决胜全面建成小康社会　夺取新时代中国特色社会主义伟大胜利——在中国共产党第十九次全国代表大会上的报告[M]. 北京：人民出版社，2017.

[3] 北京大学西语系资料组. 从文艺复兴到十九世纪资产阶级文学家艺术家有关人道主义人性论言论选辑[M]. 北京：商务印书馆，1971.

[4] 北京大学哲学系外国哲学史教研室. 古希腊罗马哲学[M]. 北京：商务印书馆，1961.

[5] 北京大学哲学系外国哲学史教研室. 西方哲学原著选读：下卷[M]. 北京：商务印书馆，1982.

[6] 曹清燕. 思想政治教育目的研究——基于马克思主义人学视角[M]. 北京：中国社会科学出版社，2011.

[7] 蔡志军. 论马克思哲学的超越维度[M]. 天津：天津人民出版社，2015.

[8] 陈本善，幸海华. 两种不同经济制度比较论[M]. 大连：大连出版社，1991.

[9] 陈海燕. 全球化视域下社会主义的理论与实践[M]. 济南：山东大学出版社，2007.

[10] 陈汉楚. 社会主义史话[M]. 沈阳：辽宁人民出版社，1981.

[11] 陈万柏，张耀灿. 思想政治教育学原理[M]. 北京：高等教育出版社，2015.

[12] 陈新夏. 唯物史观与人的发展理论[M]. 南京：江苏人民出版社，2012.

[13] 陈新夏. 人学与人的发展[M]. 北京：社会科学文献出版社，2015.

[14] 陈志尚. 人学新论——马克思主义人学基本理论和重大现实问题研究[M]. 北京：人民出版社，2015.

[15] 陈志尚. 人学新探索：来自马克思主义哲学视角的反思[M]. 北京：北京师范大学出版社，2016.

[16] 高崧. 马克思主义来源研究论丛：第4辑[M]. 北京：商务印书馆，1983.

[17] 韩庆祥. 现实逻辑中的人：马克思的人学理论研究[M]. 北京：北京师范大学出版社，2017.

[18] 何玲玲. 马克思人的发展与社会发展关系理论研究[M]. 北京：人民出版社，2014.

[19] 黄颂杰. 萨特其人及其"人学"[M]. 上海：复旦大学出版社，1986.

[20] 蒋锦洪. 经济发展中的人本诉求研究[M]. 上海：上海辞书出版社，2007.

[21] 蒋文玲，吕红波. 为什么出发——中国共产党人的初心和使命[M]. 北京：北京联合出版公司，2018.

[22] 廖盖隆. 马克思主义百科要览[M]. 北京：人民日报出版社，1993.

[23] 李成旺. 《德意志意识形态》导读（增订版）[M]. 北京：中国民主法制出版社，2018.

[24] 李杰. 马克思开辟的人学道路及其当代价值[M]. 北京：人民出版

社，2012.

[25] 李士坤，赵建文. 现代西方人论[M]. 石家庄：河北人民出版社，1988.

[26] 李泽厚. 伦理学纲要续篇[M]. 北京：生活·读书·新知三联书店，2017.

[27] 林锋. 重读马克思《1844年经济学哲学手稿》前沿问题新探[M]. 北京：中央编译出版社，2018.

[28] 林艳梅，黄小寒. 国外马克思主义哲学形态研究[M]. 哈尔滨：黑龙江人民出版社，2013.

[29] 刘丹忱. 文艺复兴时代著名政治思想家及其代表作[M]. 北京：中国青年出版社，2015.

[30] 刘美. 当代资本主义经济特征[M]. 北京：清华大学出版社，1991.

[31] 刘明合. 交往与人的发展：基于马克思主义的视角[M]. 北京：中央编译出版社，2008.

[32] 刘小枫. 舍勒选集[M]. 上海：上海三联书店，1999.

[33] 陆珊年，徐兰. 伏尔泰名言录[M]. 北京：中国少年儿童出版社，2003.

[34] 冒从虎. 冒从虎文集：上[M]. 天津：南开大学出版社，2018.

[35] 苗力田. 黑格尔通信百封[M]. 上海：上海人民出版社，1981.

[36] 欧顺军. 人学概论[M]. 长沙：岳麓书社，2011.

[37] 庞世伟. 论"完整的人"——马克思人学生成论研究[M]. 北京：中央编译出版社，2009.

[38] 钱乘旦. 英国通史 第四卷 转型时期——18世纪英国[M]. 南京：江苏人民出版社，2016.

[39] 秦书生. 马克思恩格斯科学技术思想及其中国化研究[M]. 沈阳：

东北大学出版社，2016.

[40] 瞿铁鹏. 马克思社会研究方法论[M]. 上海：上海人民出版社，1991.

[41] 全增嘏. 西方哲学史：上册[M]. 上海：上海人民出版社，1983.

[42] 全增嘏. 西方哲学史：下册[M]. 上海：上海人民出版社，1985.

[43] 桑玉成. 马克思主义基础理论[M]. 上海：复旦大学出版社，2005.

[44] 沈国权. 思想政治教育环境论[M]. 上海：复旦大学出版社，2002.

[45] 沈壮海. 思想政治教育有效性研究（第三版）[M]. 武汉：武汉大学出版社，2016.

[46] 石俊田. 科学社会主义理论与实践实例教材[M]. 沈阳：东北大学出版社，2003.

[47] 孙骁. 一张大事年表，快读世界历史[M]. 北京：团结出版社，2011.

[48] 孙正聿. 马克思主义哲学智慧[M]. 北京：现代出版社，2016.

[49] 铁省林，房德久. 国外马克思主义概论[M]. 济南：山东人民出版社，2012.

[50] 万光侠. 思想政治教育的人学基础[M]. 北京：人民出版社，2006.

[51] 万俊人. 比照与透析：中西伦理学的现代视野[M]. 广州：广东人民出版社，1998.

[52] 王北生. 教育与人的发展研究[M]. 北京：中国社会科学出版社，2015.

[53] 王初华. 西方文明简史[M]. 北京：煤炭工业出版社，2016.

[54] 王锐生，景天魁. 论马克思关于人的学说[M]. 沈阳：辽宁人民出版社，1984.

[55] 王孝哲. 马克思主义人学概论[M]. 合肥：安徽大学出版社，2009.

[56] 王祥. 马克思社会发展理论生成发展及其价值研究[M]. 南京：东

南大学出版社，2018.

[57] 王雨辰. 当代西方马克思主义哲学研究[M]. 北京：中国财政经济出版社，2002.

[58] 谢晓娟. 文化多样性与当代中国软实力建设[M]. 北京：人民出版社，2015.

[59] 严春友. 精美思想读本[M]. 济南：山东友谊出版社，2008.

[60] 杨耕. 为马克思辩护[M]. 哈尔滨：黑龙江人民出版社，2002.

[61] 杨耕，范燕宁. 马克思主义哲学概论[M]. 北京：高等教育出版社，2004.

[62] 叶泽雄. 当代社会发展观导论[M]. 武汉：华中科技大学出版社，2008.

[63] 于海. 西方社会思想史（第3版）[M]. 上海：复旦大学出版社，2010.

[64] 俞吾金. 文化密码破译[M]. 上海：上海远东出版社，1995.

[65] 袁贵仁. 对人的哲学理解[M]. 上海：东方出版中心，2008.

[66] 袁贵仁. 马克思主义人学理论研究[M]. 北京：北京师范大学出版社，2017.

[67] 元晋秋. 《资本论》人学思想及其中国化研究[M]. 北京：人民出版社，2018.

[68] 元林. 思想政治教育体系中的网络传播研究[M]. 北京：光明日报出版社，2011.

[69] 赵长太. 马克思的需要理论及其当代意义[M]. 郑州：河南人民出版社，2008.

[70] 赵伟. 通向市场经济工业国之路：工业化比较研究[M]. 西安：西北大学出版社，1993.

[71] 张传有. 西方社会思想的历史进程[M]. 武汉：武汉大学出版社，

2005.

[72] 张桂琳. 西方政治哲学——从古希腊到当代[M]. 北京：中国政法大学出版社，2004.

[73] 张奎良，康渝生，李小娟. 马克思、列宁经典著作选读释义[M]. 哈尔滨：黑龙江人民出版社，2006.

[74] 张秀章，解灵芝. 伏尔泰思想录[M]. 长春：吉林人民出版社，2003.

[75] 张耀灿，郑永廷. 现代思想政治教育学[M]. 北京：人民出版社，2006.

[76] 张耀灿等. 思想政治教育学前沿[M]. 北京：人民出版社，2006.

[77] 张友谊，涂可国. 人的发展与社会发展[M]. 济南：济南出版社，2010.

[78] 郑军. 文艺复兴时代杰出哲学家及其代表作[M]. 北京：中国青年出版社，2015.

[79] 中共中央党校国际工人运动史教研室. 国际工人运动史[M]. 北京：中共中央党校出版社，1988.

[80] 中共中央文献研究室. 十八大以来重要文献选编（中）[M]. 北京：中央文献出版社，2016.

[81] 钟忠. 中国互联网治理问题研究[M]. 北京：金城出版社，2010.

[82] 周浩波，谢晓娟. 思想政治教育环境论[M]. 沈阳：辽宁大学出版社，2016.

[83] 周验昭，孟宪俊. 资本主义经济[M]. 西安：陕西人民出版社，1993.

[84] 庄福龄. 简明马克思主义史[M]. 北京：人民出版社，2004.

三、外文译著类

[1] [美]赫伯特·马尔库塞. 单向度的人——发达工业社会意识形态研究[M]. 刘继, 译. 上海: 上海译文出版社, 2008.

[2] [美]斯塔夫里阿诺斯. 全球通史: 从史前史到21世纪[M]. 吴象婴, 等, 译. 北京: 北京大学出版社, 2013.

[3] [古希腊]柏拉图. 理想国[M]. 郭斌和, 张竹明, 译. 北京: 商务印书馆, 1986.

[4] [法]孟德斯鸠. 论法的精神 上[M]. 祝晓辉, 等, 译. 北京: 北京理工大学出版社, 2018.

[5] [法]卢梭. 爱弥儿——论教育: 上卷[M]. 李平沤, 译. 北京: 商务印书馆, 1978.

[6] [法]卢梭. 爱弥儿——论教育: 下卷[M]. 李平沤, 译. 北京: 商务印书馆, 1978.

[7] [法]卢梭. 论人类不平等的起源和基础[M]. 邓冰艳, 译. 杭州: 浙江文艺出版社, 2015.

[8] [法]圣西门. 圣西门选集: 第2卷[M]. 董果良, 译. 北京: 商务印书馆, 1982.

[9] [法]傅立叶. 傅立叶选集: 第2卷[M]. 赵俊欣, 译. 北京: 商务印书馆, 1982.

[10] [英]欧文. 欧文选集: 下卷[M]. 何光来, 秦果显, 译. 北京: 商务印书馆, 1965.

[11] [德]黑格尔. 精神现象学[M]. 先刚, 译. 北京: 人民出版社, 2013.

[12] [德]黑格尔. 法哲学原理[M]. 范扬, 张企泰, 译. 北京: 商务印书馆, 1982.

[13] [德]费尔巴哈. 费尔巴哈哲学著作选集：上卷[M]. 荣震华，李金山，译. 北京：商务印书馆，1984.

[14] [德]费尔巴哈. 费尔巴哈哲学著作选集：下卷[M]. 荣震华，李金山，译. 北京：商务印书馆，1984.

[15] [英]戴维·麦克莱伦. 马克思传：第4版[M]. 王珍，译. 北京：中国人民大学出版社，2016.

[16] [英]戴维·麦克莱伦. 马克思主义以前的马克思[M]. 李兴国，等，译. 北京：社会科学文献出版社，1992.

[17] [美]赫伯特·马尔库塞. 现代文明与人的困境——马尔库塞文集[M]. 李小兵，译. 上海：上海三联书店，1989.

[18] [美]赫伯特·马尔库塞. 爱欲与文明[M]. 黄勇，薛民，译. 上海：上海译文出版社，2005.

[19] [德]尤尔根·哈贝马斯. 作为"意识形态"的技术与科学[M]. 李黎，郭官义，译. 上海：学林出版社，1999.

[20] [德]尤尔根·哈贝马斯. 交往行动理论[M]. 曹卫东，译. 上海：上海人民出版社，2004.

[21] [德]马克斯·舍勒. 人在宇宙中的地位[M]. 李伯杰，译. 贵阳：贵州人民出版社，2015.

[22] [法]让-保罗·萨特. 存在主义是一种人道主义[M]. 周煦良，汤永宽，译. 上海：上海译文出版社，2005.

四、外文期刊类

[1] Erik van Ree. Productive forces, the passions and natural philosophy: Karl Marx, 1841–1846[J]. Journal of Political Ideologies, 2020, 25(3).

[2] Han Qingxiang, Zhang Yantao. The Three Forms of the Marxist Philosophy and Their Historical Fate. [J] Social Sciences in China, 2011, 32(2).

[3] John Grumley. Marx and the Philosophy of the Subject: Markus Contra Habermas[J]. Thesis Eleven, 1991, 28(1).

[4] Konstantinos Kavoulakos. What is reification in Georg Lukács's early Marxist work? [J]. Thesis Eleven, 2020, 157(1).

[5] Robert Alan Sparling. Karl Marx: Philosophy and Revolution[J]. The Review of Politics, 2020, 82(3).

[6] Tongfang Liu. The course of human emancipation and the evolution of social forms[J]. Social Sciences in China, 2008, 29(3).

五、中文期刊类

[1] 习近平. 思政课是落实立德树人根本任务的关键课程[J]. 求是, 2020（17）.

[2] 艾福成，白刚. 人——实践——历史——《德意志意识形态》的内在逻辑[J]. 学习与探索，2002（05）.

[3] 曹群. 论思想政治教育的实践性及其体现与发挥[J]. 思想教育研究，2018（11）.

[4] 陈琳. 马克思博士论文中的人学思想解读[J]. 江汉论坛，2007（04）7.

[5] 陈新夏. 人的发展研究的问题意识和理论自觉[J]. 学习与探索，2014（09）.

[6] 陈新夏. 人的发展价值取向的总体性[J]. 北京大学学报（哲学社会科学版），2017（01）.

[7] 陈新夏. 人的发展研究的理论范式[J]. 马克思主义与现实，2016（01）.

[8] 陈亚峰. 论时代新人的理论意蕴与实践指向[J]. 学校党建与思想教育，2019（12）.

[9] 董雅华. 思想政治理论课教学坚持主导性与主体性相统一论析[J]. 思想理论教育，2020（03）.

[10] 房广顺，李鸿凯. 推进以立德树人为中心的思想政治教育融合发展——学习习近平总书记在全国高校思想政治工作会议上的重要讲话[J]. 思想教育研究，2017（02）.

[11] 冯刚，徐文倩. 把握新时代大中小学思想政治教育一体化建设内在规律[J]. 中国高等教育，2020（02）.

[12] 冯建军. 构建德智体美劳全面培养的教育体系：理据与策略[J]. 西北师大学报（社会科学版），2020（03）.

[13] 付洪. 浅谈马克思关于人的全面发展实现条件的理论[J]. 南开学报(哲学社会科学版)，2008（03）.

[14] 韩喜平，王晓阳. 论思政小课堂与社会大课堂的结合[J]. 思想理论教育，2019（10）.

[15] 何玲玲，文海鸿. "人的全面而自由的发展"理论探讨——澄清并还原马克思恩格斯人的远景发展思想[J]. 社会主义研究，2007（04）.

[16] 金建萍. "现实的人"：马克思人的本质理论的逻辑基石[J]. 理论月刊，2011（08）.

[17] 李丽. 论当代中国思想政治教育的目的——以马克思人的发展理论为视角[J]. 求实，2013（06）.

[18] 李伟. 大中小学思政课一体化建设的逻辑理路[J]. 河南社会科学，2020（08）.

[19] 李毅. 把握"立德树人"根本任务的思想政治教育[J]. 毛泽东思想研究，2013（04）.

[20] 李映楠. 论社会分工与人的发展——以《德意志意识形态》为中心的解读[J]. 马克思主义哲学研究，2007（00）.

[21] 林剑. 马克思自由观的再解读[J]. 天津社会科学，2003（06）.

[22] 刘建军. 论"时代新人"的科学内涵[J]. 思想理论教育，2019（02）.

[23] 刘建新. 需要·活动·人的全面发展[J]. 理论探讨，2006（02）.

[24] 刘明合. 人的发展研究的交往视角转换[J]. 社会科学辑刊，2005（03）.

[25] 骆郁廷，郭莉. "立德树人"的实现路径及有效机制[J]. 思想教育研究，2013（07）.

[26] 梅萍，贾月. 析思想政治教育文化环境和文化载体之异[J]. 思想教育研究，2017（03）.

[27] 苗苗. 人的全面发展是一个渐进过程——《1857—1858年经济学手稿》展示的人的发展观[J]. 学术界，2014（04）.

[28] 欧阳琼. 论《哥达纲领批判》中马克思的正义观[J]. 理论月刊，2018（09）.

[29] 庞申伟. 习近平关于培养时代新人重要论述的逻辑构架[J]. 广西社会科学，2020（05）.

[30] 乔荣生，梁瑞敏，陈曦. 马克思人的全面而自由发展思想的原初意蕴及当代启示[J]. 东北师大学报（哲学社会科学版），2019（04）.

[31] 史少博，尹凯丰. 论社会主义核心价值观的道德维度[J]. 理论探讨，2019（05）.

[32] 石书臣，周跃新. 主体间性理论对思想政治教育主客体关系发展的启示[J]. 学校党建与思想教育，2017（01）.

[33] 宋卫琴，岑乾明. 马克思人的发展"三形态"理论渊源、演进及本质[J]. 甘肃社会科学，2011（06）.

[34] 孙立军，刘爱军. "六个要"与思想政治理论课教师素养提升[J]. 思想理论教育导刊，2019（07）.

[35] 万美容，陈迪明. 内容：大中小学思政课一体化建设的核心要素

[J]. 北京工业大学学报（社会科学版），2020（01）.

[36] 王国敏，梁晓宇. 完整理解马克思人的自由全面发展思想[J]. 辽宁大学学报（哲学社会科学版），2013（03）.

[37] 王海传，岳丽艳. 论马克思人的发展的三个向度[J]. 山东社会科学，2018（10）.

[38] 王丽荣. 人的发展：现代思想政治教育研究的价值追求[J]. 东北师大学报（哲学社会科学版），2013（05）.

[39] 王蓉拉，姜燕萍. 试论"人是万物的尺度"的价值意义[J]. 社会科学，2003（05）.

[40] 王易. 打造理论性和实践性相统一的思想政治理论课[J]. 中国高等教育，2019（10）.

[41] 吴克明. 马克思人的发展观及其当代启示[J]. 马克思主义研究，2013（06）.

[42] 吴鹏. 论黑格尔的劳动概念及其困境[J]. 中南大学学报（社会科学版），2017，23（03）.

[43] 吴潜涛，张磊. 新时代思想政治理论课教师的核心素养及其培育[J]. 教学与研究，2019（07）.

[44] 谢守成，程仕波，张淼. 关于构建大中小学思想政治教育一体化建设沟通机制的思考[J]. 思想理论教育，2020（01）.

[45] 谢晓娟，张召鹏. "立德树人"的内涵：一种人学的解读[J]. 辽宁师范大学学报（社会科学版），2018（02）.

[46] 谢晓娟. 论马克思人的全面发展理论对高校思想政治教育的价值引领[J]. 辽宁大学学报（哲学社会科学版），2009（02）.

[47] 熊晓琳，马超林. 马克思"人的全面发展"思想在当代中国的发展与实践[J]. 学校党建与思想教育，2017（10）.

[48] 徐建立. 马克思早期关于人的发展思想的三重意蕴[J]. 学校党建

与思想教育，2011（26）.

[49] 徐兆辉，罗媛媛. 马克思实践自由观的再解读[J]. 湖北社会科学，2009（06）.

[50] 杨春花. 人的自由发展与全面发展关系探讨[J]. 贵州社会科学，2009（01）.

[51] 杨芳. 论马克思社会分工理论的实质[J]. 湖北社会科学，2008（11）.

[52] 杨凤. 马克思论域中的自由时间与人的发展[J]. 学术论坛，2005（11）.

[53] 杨威. 论思想政治教育的价值根源[J]. 学校党建与思想教育，2011（14）.

[54] 余丰玉. 思政课改革创新要坚持主导性和主体性相统一[J]. 中国高等教育，2019（18）.

[55] 余华，涂雪莲. 关于大中小学思想政治理论课教学有效衔接的思考[J]. 思想理论教育，2019（09）.

[56] 张爱华，邓小伟.《资本论》中的分工与人的发展思想探析[J]. 马克思主义与现实，2010（04）.

[57] 张澍军，苏醒. 论"立德树人"根本任务与思想政治教育学科建设使命[J]. 思想教育研究，2013（07）.

[58] 张志军. 试析当前中国网络文化环境的监管及其利用[J]. 西南民族大学学报（人文社会科学版），2012（11）.

[59] 赵长太. 需要与人的发展[J]. 理论月刊，2005（09）.

[60] 郑召利，杨林林. 生产、交往与人的发展[J]. 教学与研究，2003（01）.

[61] 周金华. 马克思"人的自由全面发展"思想与21世纪社会主义[J]. 马克思主义哲学研究，2018（02）.

[62] 周艳. 构建大学生思想政治教育保障机制新探[J]. 学校党建与思想教育, 2009（20）.

[63] 邹顺康. 依赖关系的演变与道德人格的发展——马克思"人的全面而自由发展"思想的思维路径[J]. 社会科学研究, 2015（05）.

[64] 邹秀春. 高校思政课教师要做到"六个要"[J]. 红旗文稿, 2019（23）.

六、报纸文章类

[1] 习近平. 在同各界优秀青年代表座谈时的讲话[N]. 人民日报, 2013-05-05.

[2] 习近平致词祝贺联合国教科文组织第九届青年论坛开幕[N]. 人民日报, 2015-10-27.

[3] 习近平. 在网络安全和信息化工作座谈会上的讲话[N]. 人民日报, 2016-04-19.

[4] 习近平在全国高校思想政治工作会议上强调 把思想政治工作贯穿教育教学全过程 开创我国高等教育事业发展新局面[N]. 人民日报, 2016-12-09.

[5] 立德树人德法兼修抓好法治人才培养 励志勤学刻苦磨炼促进青年成长进步 习近平在中国政法大学考察[N]. 人民日报, 2017-05-04.

[6] 习近平回信勉励第三届中国"互联网+"大学生创新创业大赛"青年红色筑梦之旅"的大学生[N]. 人民日报, 2017-08-16.

[7] 习近平. 在北京大学师生座谈会上的讲话[N]. 人民日报, 2018-05-03.

[8] 习近平. 举旗帜聚民心育新人兴文化展形象 更好完成新形势下宣传思想工作使命任务[N]. 人民日报, 2018-08-23.

[9] 本报评论员. 培养担当民族复兴大任的时代新人[N]. 人民日报,

2018-08-31.

[10] 习近平在全国教育大会上强调 坚持中国特色社会主义教育发展道路 培养德智体美劳全面发展的社会主义建设者和接班人[N]. 人民日报，2018-09-11.

[11] 习近平主持召开学校思想政治理论课教师座谈会强调 用新时代中国特色社会主义思想铸魂育人 贯彻党的教育方针落实立德树人根本任务[N]. 人民日报，2019-03-19.

[12] 习近平. 在纪念五四运动100周年大会上的讲话[N]. 人民日报，2019-05-01.

[13] 中办国办印发《意见》 深化新时代学校思想政治理论课改革创新[N]. 人民日报，2019-08-15.

[14] 迈出建设网络强国的坚实步伐——习近平总书记关于网络安全和信息化工作重要论述综述[N]. 人民日报，2019-10-19.

[15] 中共中央 国务院关于全面加强新时代大中小学劳动教育的意见[N]. 人民日报，2020-03-27.

[16] 习近平在教育文化卫生体育领域专家代表座谈会上的讲话[N]. 人民日报，2020-09-23.

[17] 习近平在全国劳动模范和先进工作者表彰大会上的讲话[N]. 人民日报，2020-11-25.

[18] 全国脱贫攻坚总结表彰大会在京隆重举行 习近平向全国脱贫攻坚楷模荣誉称号获得者等颁奖并发表重要讲话[N]. 人民日报，2021-02-26.

[19] "'大思政课'我们要善用之"（微镜头·习近平总书记两会"下团组"·两会现场观察）[N]. 人民日报，2021-03-07.

[20] 习近平在清华大学考察时强调 坚持中国特色世界一流大学建设目标方向 为服务国家富强民族复兴人民幸福贡献力量[N]. 人民日报，2021-04-20.

[21] 在庆祝中国共产党成立100周年大会上的讲话[N]. 人民日报，2021-07-02.

[22] 坚定信心　共克时艰　共建更加美好的世界——在第七十六届联合国大会一般性辩论上的讲话[N]. 人民日报，2021-09-22.

[23] 中共中央关于党的百年奋斗重大成就和历史经验的决议（2021年11月11日中国共产党第十九届中央委员会第六次全体会议通过）[N]. 人民日报，2021-11-17.

[24] 习近平出席2022年世界经济论坛视频会议并发表演讲　强调要在历史前进的逻辑中前进　在时代发展的潮流中发展　坚定信心　勇毅前行　共创后疫情时代美好世界[N]. 人民日报，2022-01-18.

[25] 习近平在中共中央政治局第五次集体学习时强调　加快建设教育强国　为中华民族伟大复兴提供有力支撑[N].人民日报，2023-05-30.

七、学位论文类

[1] 韩蒙. 马克思人的发展理论及其中国化研究[D]. 成都：电子科技大学，2016.

[2] 赵华飞. 马克思的"现实的人"概念[D]. 北京：中共中央党校，2018.

[3] 刘世昱. 马克思需要理论及其当代价值研究[D]. 沈阳：辽宁大学，2018.

[4] 苗耀辉. 马克思人的价值思想研究[D]. 沈阳：辽宁大学，2016.

[5] 金建萍. 人的发展和社会发展的一致性研究[D]. 兰州：西北师范大学，2010.

[6] 叶先进. 马克思人学理论及当代价值研究[D]. 成都：电子科技大

学，2018.

[7] 张夏力. 人学视域中的思想政治教育问题研究[D]. 北京：北京交通大学，2017.